潜在意識のクリーニングワーク

「感受性」を調整すればもっと気楽に生きられる。

たった**3**週間、**21**日でできるワークブック

平林信隆 著

Clover
クローバー出版

はじめに

同じ経験をしても、それを喜べる人がいます。
逆に、同じ経験なのに、悲嘆にくれる人がいます。

過去の経験を、未来に活かせる人がいます。
逆に、いつまでもウジウジ悩み、過去のせいにする人もいます。

「幸せ」は感受性次第！

「幸せ」とはどういうことでしょう？
どれだけ、人生を成功させる心得を学んでも、結局はその人の「受け取り方」次第なのです。それによって「幸不幸」は決まります。ですから、幸せそうに見える人が幸せとは限りません、逆のケースもありえます。すべては「感受性」次第なのではないでしょうか？

この「幸せ」と「自分らしさ」の問題が難しいのは、その「受け取り方」が自分ではコントロールできないからです。この本は、あなたの心を強くし、イキイキと蘇らせて、あなたがもともと持っていた価値基準、つまり、もっともあなたらしい「感受性」を取り戻す本です。

あなたが嬉しいとき、笑い、
あなたが悲しいとき、泣き、
あなたがワクワクするものを、行い、
あなたが描いた夢に、向かう。
それが「幸せ」の正体ではないでしょうか？

3

「感受性」を変化させる潜在意識のクリーニング

私たちの潜在意識は9割は使われず、隠された能力を秘めています。本書では、21日間、潜在意識を書き換えるワークを行うことによって心身の調整をします。潜在意識というのは3週間、約21日で変化しだすと言われています。一見、無関係に見えるようなワークでも是非、挑戦してみてください。あなたらしさ、本当のあなたらしい感情が湧きでてくることを感じ取れるに違いありません。本書はそのきっかけづくりをお手伝いします。

心と身体はどのようにつながっていて、お互いに影響を与え合っているのでしょうか。これには潜在意識が大きくかかわっていることが世界中で知られています。潜在意識は24時間、休むことなく心臓を動かし、肺に空気を送り、胃腸を動かし、体温を維持しています。潜在意識はあなたの記憶の倉庫に特定の情報を蓄積したり呼び出したりして、心に感情をつくり上げます。このように、潜在意識は心と身体をつかさどる大切な役割を担っているのです。

本書は、あなたの潜在意識の扉を開ける鍵となる「感受性」を調整するために、潜在意識をクリーニングします。不安が半分に、喜びが2倍になり、なりたいあなたになる未来への準備ができるのです。

病院であなたに合った薬を処方してもらうように、あなたの潜在意識の扉を開けるためにはあなたに合った鍵が必要なのです。そして潜在意識を使うやり方をしっかりと習得しなければなりません。

さあ、一緒に潜在意識の扉を開ける鍵を探してみましょう。

もくじ

第3週　もう何もこわくない! 感じるままに願望実現!

DAY

1

1日目

心にポジティブを
貯蓄することからはじめよう

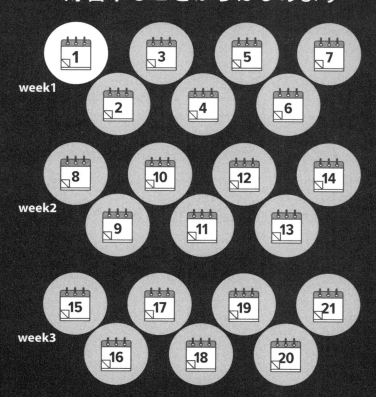

week1

1 3 5 7
2 4 6

week2

8 10 12 14
9 11 13

week3

15 17 19 21
16 18 20

1日目

■ 心にポジティブを 貯蓄することからはじめよう

だれにでも不安になったり、明るい気分でいられないときはあるもの。一時的なものならいいのですが、長く悩みすぎるのは心身にも支障をきたします。初日に行うのは、ウォーミングアップのごく簡単な「体感」ワークです。

WORK

1 椅子に座ってでも立ったままでもいいので、身体の力を抜きます。そして、あなた自身の呼吸を感じます

2 呼吸を感じながら、肩を丸めて、下を向いてみましょう。呼吸も苦しく、気分が重くなっていくのがわかりますね?

3 呼吸を続け、その位置から胸を張り、上を向いてみましょう。呼吸が楽になり、気分が軽くなっていくその変化を感じてください

■ 解 説

下を向くと潜在意識はネガティブな不安を手放せなくなります。上を向くと、潜在意識は前向きなポジティブな気持ちを引き寄せます。胸を張り、上を向くと、人は自然に背筋が伸び、気道もまっすぐになります。そして、深く呼吸をすることができるのです。意識しないと呼吸がいつの間にか浅くなっていることに人は気づきません。深く呼吸ができると心も身体も緩んできます。

背筋を伸ばすと自律神経の交感神経が活発化します。交感神経は身体を元気にする働きをします。目線を上げると視覚的イメージが湧いてきて前向きな気持ちになってくるのです。また上を向き、姿勢を正すことにより、セロトニンという精神安定作用のあるホルモンが分泌されやすくなります。そして心が安らぎで満たされて気持ちが安定してくるのです。

潜在意識はあなたの気持ちを貯める倉庫のようなものなのです。
あなたがどんなにつらくても安心してください。まずはこのワークからはじめましょう。**潜在意識にポジティブな気持ちを貯蓄するのです。そうすれば、潜在意識は必ずあなたを守ってくれます。**

つらい体験には必ず前向きな意図があります。
あなたは目標を失い、見放された孤独感に陥るかもしれません。自分なんか生きている価値がないと感じる人もいます。ですが目標を見失ったのではないのです。目標が大きくなって不安に感じるだけなのです。

あなたが大きく成長するためにはあなた自身が変わらなければなりません。そのためには小さくなった家を一度壊して、大きな家に建てかえる必要があります。それは、「**あなたをもっと成長させたい**」という、ポジティブな潜在意識の意図のあらわれなのです。

安心して、背筋を伸ばし深い呼吸を意識することがはじめの一歩です。

つらく、しんどく感じたとき、それはあなたの成長のチャンスです。
人間には快適な領域があり、自分に大きな負荷をかけてまでその領域から出ることはなかなかできません。この快適な領域を**コンフォートゾーン**と言います。

コンフォートゾーンはぬるま湯で、現状維持をするにはリラックスできて気持ちがよいのですが、それでは次のステージに行くことはできません。

ではどういうときにコンフォートゾーンを抜け出せるのでしょうか。
それが、**つらく、しんどく感じることを繰り返す**ことなのです。

これは筋トレと同じです。脳には純化作用というものがあり、現状を維持しようとします。そこに最初は小さな負荷をかけます。そして何度も何度も繰り返して脳を慣らしていくのです。そうすることでコンフォートゾーンを抜け出して次のステージに行けるようになります。

まず胸を張って、上を向いて、潜在意識をポジティブな気持ちで膨らませます。
安心してください、潜在意識は必ずあなたを守ってくれます。
そして新たなステージに向かって歩いていきましょう。

DAY
2
2日目

ネガティブを「吹いて飛ばす」
心に希望を植えるワーク

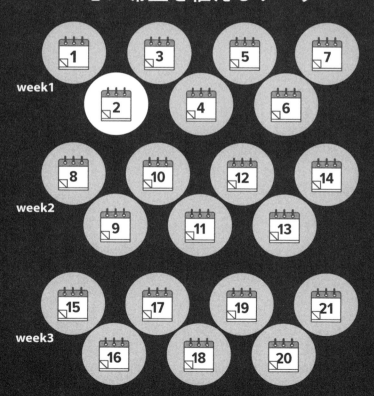

week1

week2

week3

2日目

ネガティブを「吹いて飛ばす」心に希望を植えるワーク

今日は「潜在意識の力に気づく」ワークです。簡単な言葉の入れ換えで、現実が変わっていくことに気づくきっかけになります。簡単すぎて意味がないように思えるかもしれません。ですがこれができていないゆえに前に進めない人がたくさんいるのです。

WORK

- 何か夢を思い描いてください。妥協のない、完全に理想どおりの夢を描きます。すると「どうせ無理！」という気持ちの存在に気づくかもしれません。それに気づいたら「どうせ無理！」を「できるかも」、「うまくいくかも」、「イケてるかも」に言い換えてみましょう

- 仕事帰り「はぁ〜、疲れた」と思わず言ってしまいそうになったなら、「疲れた」という言葉を「フッ」と吹いて飛ばして「サンキュー」に言い換えましょう。「フッ、サンキュー」という要領です

■ 解 説

潜在意識はバカがつくほど正直者なのです。

だから、潜在意識に送り出した気持ちはどんなものであっても、潜在意識はそのまま現実として引き寄せてしまいます。あなたが表向きは「目標を達成したい」と思っていても、心の底で「どうせ無理だ」と疑っていたら、潜在意識は本当に信じている方を現実化してしまうのです。

あなたの可能性を奪う言葉、それは「どうせ無理！」。

この言葉が潜在意識にあると、決して夢は実現しません。そこで「○○かも」と変換し**現実的にまったく不可能じゃないと思える言葉に置き換えます**。無理かもしれないけどできるかもしれない・・・そんな目標達成のワクワクした気持ちを潜在意識に送り出すのです。そうすると潜在意識は四六時中、愚直に目標を現実化しようとしはじめます。

本当に信じているということは、もうそのこと自体が意識に上がってこないので、「当たり前のこと」として受け入れている状態です。

あなたは歩くときに右足と左足の動きに意識を集中しますか？　しませんよね。何故ならば歩行は「当たり前のこと」として受け入れられているからです。

「はぁ～、疲れた」。この言葉はあなたをますます落ち込ませ、一気に老け込ませる最悪な言葉。あなたが「はぁ～、疲れた」と繰り返すとそれが「当たり前のこと」になってしまいます。「当たり前のこと」はなんの思い込みもない、「あるがままの自分」でもあります。潜在意識は「当たり前のこと」や「あるがままの自分」での行動をどんどん現実化していきます。そうならないようにネガティブな言葉を希望を残した現実的な言葉に置き換えて、希望があることを「当たり前のこと」にするのです。

■ アドバイス

潜在意識がネガティブであふれているのに思考だけをポジティブにすることは明らかに無理があります。潜在意識がポジティブであれば、無理な努力をしなくても思考はポジティブになります。

「…かも」と「サンキュー」というプラスの言葉を使うことを習慣化することで、潜在意識をプラスに変えることができます。ポジティブな言葉をかけ続けると、心の状態もポジティブになるのです。

ここぞというときに「どうせ無理！」という不安が頭をよぎることがありますよね。「うまくいかないかもしれない」という**ネガティブの観念を持つと潜在意識に蓄積されます**。そして、このネガティブの観念を持ったまま行動すると、ネガティブの観念がネガティブを呼び寄せて、必ず失敗します。

潜在意識を活用している「心身統一合氣道」の教えによると、そんなときは勢いよく「フッ」と息を吹くとよいそうです。**息を吹くことで「ネガティブの観念がすべて吹き飛んでプラスの観念に変わる」と自分の中で決めてしまい、必要な都度繰り返して、回路をつくってしまいます。**

さらに、よかったこと、できたことだけを記録するノートをつくり、その日に味わったポジティブなことだけを書きつづります。「書く」という動作は言葉を発するのと同じように潜在意識に入りやすい行為。それをポジティブに用いることで潜在意識がポジティブに変わるのです。

DAY

3

3日目

嫌な感情を手放すための
「自分の感情を見る」練習

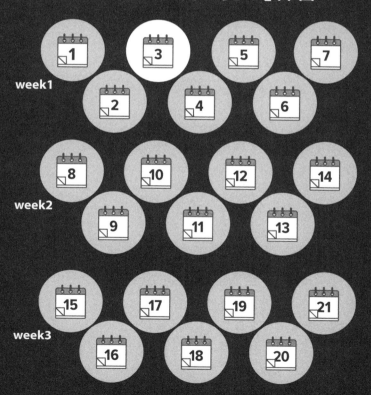

week1

week2

week3

3日目

嫌な感情を手放すための「自分の感情を見る」練習

感情にも様々な種類があります。自分にとって気分のいいものならいいのですが、嫌な感情というのはなかなか手強いものです。嫌な感情ほど消えず、強く心身に影響するからです。そこで今日は「感情を味わいきる」ための練習をはじめます。

WORK

1

目を閉じて、ゆっくり呼吸をしながら、最近**「悲しみ」**を感じたときのことを思い出してみましょう。

「何が見えますか？」
「何が聞こえますか？」
「どんな感じですか？」

その思い出からどんな感情が湧きあがっても、その感情にしばらく浸っていましょう。そして、あなた自身に次の質問をしてみてください。

「その悲しみを受け入れることができますか？」
「その悲しみを手放すことができますか？」
「それを手放しますか？」

「それはいつですか？」

今感じているあなたの悲しみの感情を手放せたと感じることができるまで、この質問を繰り返します。一旦、目を開いて、伸びをしたり、肩などをまわして、感情をリセットします。

2
再び目を閉じて、ゆっくり呼吸をしながら、最近**「恐れ」**を感じたことを思い出してみましょう。

「何が見えますか？」
「何が聞こえますか？」
「どんな感じですか？」

その思い出からどんな感情が湧きあがっても、その感情にしばらく浸っていましょう。そして、あなた自身に次の質問をしてみてください。

「その恐れを受け入れることができますか？」
「その恐れを手放すことができますか？」
「それを手放しますか？」
「それはいつですか？」

今感じているあなたの恐れの感情を手放せたと感じることができるまで、この質問を繰り返します。

いったん、目を開いて、伸びをして、感情をリセットします。

17

再び目を閉じて、ゆっくり呼吸をしながら、最近「怒り」を感じたことを思い出してみましょう。

「何が見えますか？」
「何が聞こえますか？」
「どんな感じですか？」

その思い出からどんな感情が湧きあがっても、その感情にしばらく浸っていましょう。そして、あなた自身に次の質問をしてみてください。

「その怒りを受け入れることができますか？」
「その怒りを手放すことができますか？」
「それを手放しますか？」
「それはいつですか？」

今感じているあなたの怒りの感情を手放せたと感じることができるまで、この質問を繰り返します。

■ 解 説

「**悲しみ**」を感じているとき、人は失ったもの、傷ついたことにとらわれ、無力感を感じ、助けてくれる人を探します。

「**恐れ**」を感じているとき、人は失うもの、傷つくことを考えて前に踏みだせずに、自分や周囲を守ることを考えます。

「**怒り**」を感じているとき、人は相手を恨み、仕返しすること、代償を払わせることに取りつかれ、自分や周囲にとって破壊的な行動をとろうとします。

人は皆、無限の可能性を持つ存在です。
ところが、あなたの生きたい人生を妨げているものがあります。それが実は、**頭の中につくり上げた感情**なのです。この感情は単にあなたが感じているだけのことであって実在はしていません。逆に、感情は実在していないので、その気になれば簡単に手放すことができるのです。

感情が湧き起こったときはその感情に向き合い、必要に応じて手放すことが大事です。感情に向き合うかわりに感情にふたをしたり、抑え込んだり、避けたりすると「悲しみ」「恐れ」「怒り」といった感情は潜在意識の中に自動的にためこまれていきます。

人は「悲しみ」「恐れ」「怒り」の体験をすると、もうその体験を二度としたくないので「**体験の回避**」をします。

そうすると思考は現実を遮断します。あなたは現実との接点を失ってしまうのです。これが「**心を閉じた**」状態です。

そして、実在しない心配を思考の中で繰り返し、増幅させてしまいます。これが「**感情に飲み込まれた**」状態なのです。

19

そのとき必要なのは、自分との距離を置き、客観的に自分の**「感情を言葉」**にしてみること。そして、**冷静に思考と現実を区別**するのです。
これが**「感情を受け入れた」**状態。

思考と現実の区別ができてはじめて、感情が実在しないものであることを認識することができるのです。これが**「感情を手放す」**準備のできた状態です。

そして、「感情を手放す」期限を決めることで、あなたは再び現実との接点を持ちはじめます。これが**「心を開いた」**状態です。こうして人は「平穏な」心を取り戻すことができるのです。

■ アドバイス

「悲しみ」「恐れ」「怒り」の感情をどう行動に移せばいいのでしょうか。

悲しいから大声で泣き、恐れているから後退し、怒っているから仕返しをする、といった行動は一時的に気分の晴れるものです。ですが、コントロールできていない感情の行動は、あなたの周囲に対する大きな摩擦や問題の原因になってしまうのです。
「悲しみ」「恐れ」「怒り」の感情は実体がないので手放すことができます。
まず感情に浸り認識します。そして感情が弱くなるまで次の質問を繰り返してみましょう。

「その感情を受け入れることができますか？」
「その感情を手放すことができますか？」
「それを手放しますか？」
「それはいつですか？」
あなたは「平穏な」心を取り戻すことが必ずできるのです。

DAY
4
4日目

苦しい「思い込み」をゆるめ、セルフ・イメージを高める、
自分自身への「10の質問」

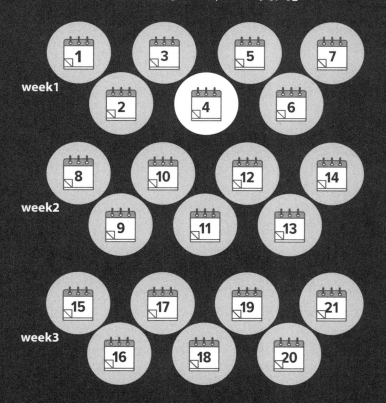

4日目

苦しい「思い込み」をゆるめ、セルフ・イメージを高める、自分自身への「10の質問」

生まれたときはだれでも、素直であるがままの心を持っています。ですが成長するに従い、いくつもの心の癖をつくりあげていってしまうことがあります。過度な思いこみや心の癖が生きづらさにつながってしまうのなら、それは見直していかなくてはいけません。

WORK

次の**「思い込みの10のパターン」**から、あなたが感じている**「思い込み」**を3つ選んでください。該当しない場合は近いものを選んでみてください。

【思い込みの10のパターン】 ─────────

1 「白黒はっきり」
　物事を白か黒、どちらかひとつで考えようとします。少しのミスでも完全な失敗と考えてしまいます。

2 「一般化」
　たった一度のよくない出来事があると、「世の中のすべてがそうだ」と思い込みます。

3 「ずっと、くよくよ」

たった一度のよくない出来事があると、そのことばかりくよくよと考え続けます。

4 「マイナス思考」

プラスが見えなくなり、何でもないことやプラスなことすらマイナスに考えてしまいます。

5 「心を読みすぎ」

その人がどう思っているかを勝手に決めつけてしまいます。極端な結論に飛躍します。

6 「謙遜タイプ」

自分の短所を大きく、長所を小さく考えます。他人の場合はその逆に考えます。

7 「感情決めつけ」

感情のコントロールができずに物事を決めつけてしまいます。

8 「すべき、せねばならない」

何かやろうとするときに「常識だから○○すべき」などの思考を持ちます。

9 「レッテル貼り」

自分や他人に柔軟性のないイメージをつくり上げて、固定してしまいます。

10 「自己責任タイプ」

自分に責任がない場合でも自分のせいだと考えてしまいます。

あなたがしつこく感じる「思い込みのパターン」を3つ選んだら、次の質問であなたの「思い込み」をゆるめてみましょう。何度も何度も心の中で質問に答えてみてください。

【思い込みをゆるめる質問】 ───────────

1 「白黒はっきり」
本当に完全な失敗なのでしょうか？
少しでもうまくいったことがあるとすれば、それは何だと思いますか？

2 「一般化」
例外なく、世の中がすべてそうなのですか？
どうして例外がないとわかるのですか？

3 「ずっと、くよくよ」
他によいことはなかったのですか？
いい出来事もあるようですが、それについてはどう思われますか？

4 「マイナス思考」
よいことは何もなかったのですか？

5 「心を読みすぎ」
どうやって人の心が読めるのですか？
どうしてそんな結論になるとわかるのですか？

6 「謙遜タイプ」

このことであなたにとってよいことはどんなことがありますか？

7 「感情決めつけ」

あなたがそう感じる具体的な根拠は何ですか？

8 「すべき、せねばならない」

もしそうでなければ何が起きますか？

9 「レッテル貼り」

それは第三者が見ていたなら何と言うでしょうか？

10 「自己責任タイプ」

皆があなたのせいだと考える証拠は何ですか？

まず、違う視点から同じ問題を見つめてみることです。それが一瞬の出来事でもかまいません。**「思い込みのパターン」**にとらわれた状態から、一瞬でも解放されることに意味があります。
この**「思い込みのパターン」**は、時間を重ねて心の中に固着します。それが無意識の判断になってしまい、自分自身を苦しめているのです。それを見直すには、違う視点を持ち込むしかありません。
心をつくるのは習慣です。ですから、考え方を少しずつ見直していく作業を重ねていくしかありません。

まず、少しだけ思い込みをゆるめてみます。
気持ちが少し楽になったかと思います。

たとえ同じ出来事でも皆が同じように感じるのではなく、人は自分の思考の枠組みの中で、物事を感じて判断します。例えば自分はダメな人間であると感じて判断すると、現実がどうであれその思考に支配されて憂鬱になってしまうのです。

潜在意識は現実とイメージの区別がつきません。
潜在意識はあなたの思い込みをそのまま実現します。
そして潜在意識の大半を占めている自律神経は決して休まず、あなたの内臓を動かしてコントロールします。ひとたび思考の枠組み、すなわち思い込みのパターンが形成されると、潜在意識が自動的に行動や影響を引き起こすのです。悪影響の場合はこれがうつ病や身体の病気の原因にもなります。

物事は常にいい面と悪い面の二面性があります。
そして「思い込みをゆるめる質問」に答えようとするとあなたは異なる枠組みから物事を見ることになります。そして、あなたが持っている固定した思い込みをゆるめることができるのです。この質問を使えば強い思い込みを持つ相手に気づきを与えることもできます。

私たちは思い込みをゆるめて調整することでストレスへの対応力が強化されるのです。

私たちは自分自身についても「私はこういう人間だ」という思い込みを持っています。この自分自身に対するイメージを「**セルフ・イメージ**」と言いますが、セルフ・イメージはいったいどのようにしてつくられるのでしょうか。

例えばこういう人がいたとしましょう。
その人は幼少のころにひとりでおもちゃを広げていい子に遊んでいました。そのとき、突然、お母さんがとても恐い顔をして、その子に向かって「あなた、いったい、何をしているのよ」と言いました。お母さんはたまたま掃除をしたばかりで、おもちゃを散らかしたことにイライラしただけでした。そしてそのことをすぐに忘れてしまったのです。

しかし、その子の心の中にこういう思い込みが生まれました。
「お母さんは私をどなって許してくれない」
さらに「私はお母さんに愛されていない」
と思い込みが進んでいきます。

やがて、「**私は誰にも愛されていない**」というセルフ・イメージができあがってしまうのです。その後、その人は大きくなり、会社に入社します。

そして、「**私は皆に愛されている**」というセルフ・イメージを持つ同僚と一緒に仕事をします。上司から同じ言葉で同じ態度で言葉をかけられていてもふたりのとらえ方は違います。

「**私は誰にも愛されていない**」というセルフ・イメージを持つその人は「自分は上司に嫌われていて、必要とされていない」という思い込みを持ちはじめます。

27

そしてどんどんと落ち込んでいき、仕事もうまくこなせません。

一方、「**私は皆に愛されている**」というセルフ・イメージを持つ同僚は、「上司に好かれているので、上司は自分のために言ってくれている」ととらえます。そして、上司の言葉を素直に受け入れて、やる気になり、目標を次々と達成して成長していくのです。

一般的に、思い込みは幼少期の体験から無意識につくられている場合が多くあります。このように幼少期につくられていく思い込みは「**インプリント（刷り込み）**」ともよばれます。そして幼少期の思い込みは潜在意識に刷り込まれ、セルフ・イメージをつくりあげ、私たちの行動に大きな影響を与えるのです。

思い込みには２つの種類があります。

ひとつめは「私は何をやってもうまくいく」というように、私たちの行動を力づけてくれて、やる気をくれる思い込みです。

もうひとつは「私は何をやってもうまくいかない」というように、自分の得たいものや目標を達成することを制限してしまう思い込みです。

あなたが経験した過去の出来事を変えることはできません。しかしながら、あなたの出来事に対する思い込みをゆるめ、過去のとらえ方を変えることは可能です。

その出来事の事実を客観的にとらえ、「実はお母さんはあなたのことをとても愛していて、ただ、散らかっていることにイラッとしただけなんだ」と過去のとらえ方を変えることもできるのです。そうするとその時点から現在にいたる出来事がオセロをひっくり返すように次々と変わっていきます。目の前の現実も、周囲の状態も変わり、将来の行動を大きく変えていくことが可能となるのです。

■ アドバイス

思い込みは長年にわたりあなたがつくってきた思考の枠組みです。

そして、その思い込みが「私はこうである」というあなたのセルフ・イメージをつくるのです。潜在意識はあなたの思い込みを愚直に実行し、あなたの人生をつくっていくのです。

あなたの思い込みは心身機能に影響を与えます。あなたをよい方向にちからづけてくれる思い込みはどんどん活かせばいいのですが、あなたの目標達成に制限を与える思い込みはゆるめてみるとよいかもしれません。ワークでは、あなたは思い込みのパターンを知り、質問によって思い込みをゆるめ、思考をニュートラルにすることができます。

思い込みをゆるめるとあなたの人生やストレスへの適応力が強化され、楽に生きることができるのです。

DAY

5

5日目

苦手、嫌いな人への対処
自分の殻を抜け出す思考法

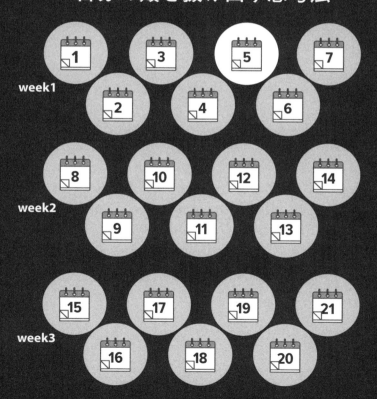

week1

1 2 3 4 5 6 7

week2

8 9 10 11 12 13 14

week3

15 16 17 18 19 20 21

5日目

苦手、嫌いな人への対処　自分の殻を抜け出す思考法

だれにも苦手な人、嫌いな人はいることと思います。滅多に会わない人なら、さほど問題ではないかもしれませんが、習慣的に会う人の場合、自分自身の心の状態にも影響をおよぼします。ここでは、心の解釈に新しい判断基準を持ち込んでみます。

WORK

あなたが苦手な「あの人」との最近の出来事を思い出します。

その出来事を少し離れた位置から冷静に眺めます。
（自分の殻から脱け出し、上から自分の姿を眺める感じです）

その出来事からあなたが気づいたことがあれば、しっかり認識して、それを味わいます。この気づきをくれた「あの人」に**「ありがとう！」**と声に出して感謝します。「あの人」に会ったときに**「あのときは気づきをありがとうございます！」**と呟きます。

これを繰り返していくと、「あの人」との人間関係がなぜかよくなるのです。

■ 解説

潜在意識を突き詰めていくと、時空を超越したはるか先史時代までさかのぼる、人類の記憶と経験の集合体にたどり着きます。ある人はこれを**「宇宙の慈悲」**とよび、ある人は**「集合的無意識」**とよびます。

いずれにしても潜在意識には全体性という考えがあり、全体がよくなることを優先するのです。それに対して、意識では自我という考えがあり、個人がよくなることを優先します。ですから**「あの人が好き、あの人は嫌い」というのは意識の世界**なのです。

これをお芝居に例えると、お芝居全体が潜在意識です。そして個々の役者が意識になります。お芝居は悪役や脇役が主役と調和してはじめて全体がよくなるのです。

何百万年という人類の潜在意識の歴史において、私たちのせいぜい100年の限られた人生の中で「あの人が嫌いだ」「苦手だ」というのはとても小さな話です。

あの嫌いな人も実は「嫌な人」という配役をもらってあなたの人生に登場したとも考えられます。

私たちが生まれる前に人類の潜在意識の集合体の中で、あの人は「嫌な役」を引き受けてくれたのかもしれません。あの人がいるからあなたは気づきをもらい、あの人がいるからあなたは人生のネタをもらえているのだと考えると、あの人が愛おしく思えて感謝したくなるのではないでしょうか。

意識の世界では嫌な人だと感じても、潜在意識の世界に入ると皆が全体で幸せになろうとして、いつの間にか嫌な人はいなくなり、意識とは違う人生を楽しむことができるのです。あなたがこのように潜在意識の世界を楽しめば楽しむほど、潜在意識の世界はますます澄み渡ってきます。

嫌な人がいても、あなたが意識から潜在意識の世界に入ることで見方が変わります。集合的無意識の大きな視点でちっぽけなあの人を見てみましょう。
あの人はあなたにとって必要な役割を演じていると考えると、感謝の気持ちが湧いてきます。

あの人に**「ありがとう」**と声に出して伝えると、潜在意識が浄化され、人間関係がよくなっていくのです。

このワークは、意識を超えた、理屈でははかれないところでのワークです。
ですので潜在意識がどういったものであるか…について、厳密に考える必要はありません。それは把握できない大きなもの、全体そのものであるからです。

だまされたと思って、まずワークのとおりやってみましょう。
苦手な人に感謝するのは、とても抵抗があるかもしれません。ですがそれでいいのです。抵抗こそあなたの意識そのものにちがいありません。それを乗り越えたところに、理屈では説明できない潜在意識の深遠があるのだと思います。

DAY
6
6日目

つらい記憶と嫌な過去の
簡単な忘れ方

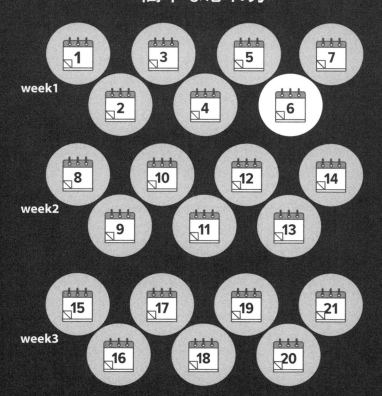

6日目

つらい記憶と嫌な過去の簡単な忘れ方

つらい記憶、嫌な過去が人に与える影響はとても大きいものです。なおかつ過去は変えられません。ネガティブな記憶と思いだけが何度も繰り返されることになります。このネガティブのループから抜け出すための簡単な方法です。

WORK

つらい記憶を思い出してしまったら、

1. その映像をカラーから白黒にします
2. 映像のピントをぼかします
3. その映像を小さくして、遠くのすみっこに持って行きます
4. そしてパチッとタッパーのふたを閉めるように映像を固定します
5. その映像のまま、頭の中でゴールデンボンバーとかちびまるこちゃんとか明るい曲を流します。私は少し古いですが天才バカボンのテーマを流しています

これを繰り返すと、つらい痛みや記憶が緩和してくるのです。

■ 解 説

潜在意識は現実とイメージの区別がつきません。

すっぱい梅干しを口にいれるイメージをすると唾液が出てきますね。これは潜在意識がイメージからも唾液を出すように指示をしているからです。

はじめてのデートの頃によく聞いていた曲を流すと、音楽が過去のイメージを呼び起こし、当時のような気分になります。悲しいドラマを見ると、テレビと現実が混在し、ドラマの主人公になったような錯覚にとらわれ涙を流します。

記憶を思い出す多くの人は、映像でリアルにカラーで思い出します。次に音声、最後に身体の感覚や匂いの順で思い出していきます。

同じ記憶であっても、「映像の大きさ・距離・色鮮やかさ」や「音声の大きさ・テンポ」や「身体で感じる場所・強さ」などが違うと受ける感覚が異なります。

過去の出来事を引きずっている人は、その出来事に遭遇したときに五感で感じたそのままの映像、音声、身体の感覚を記憶しています。

過去の出来事はもうそこには実在していません。あるのはその人の記憶の中なのです。**思い出して嫌になる記憶は、その記憶にひもづいた映像、音声、身体の感覚を調整することによって受け止め方を変えることができる**のです。

つらくて嫌な出来事の記憶は、一般的に視覚から刺激の強い映像として潜在意識に焼き付いています。嫌な出来事を思い出すと、刺激の強い映像は恐いくらい鮮やかなカラーで、クッキリと、大きい映像で、目の前に浮かんでくることがあります。思い出すだけで気分が悪くなりますね。
ワークではカラーを白黒に変え、ピントをぼかし、映像を小さくし、目の前から遠くのすみっこに移動することで映像の刺激を弱くします。そして調整された映像をパチッと記憶に固定します。もしもその映像に違和感があれば何度でも調整をやり直せばよいのです。

人によっては、聴覚からの音声に対する刺激がより強く潜在意識の中の記憶に影響を与えることがあります。つらい出来事を思い出すと、その時に聞いた声や、まわりの音や、音楽が「暗ーく」聞こえてくるのです。

ワークではこの音を明るい、テンポの良い音楽で上書きをします。音楽でなくてもあなたの気分をマイナスからプラスへ変えられるようなあなたの好きな音を選ぶことが大切です。

このワークを繰り返すと潜在意識の記憶の調整が行われ、潜在意識の中にあるつらい記憶がやわらいでくるのです。

つらくて嫌な出来事はあなたの将来のモチベーションの原動力になることもあります。とはいっても出来事の刺激が強すぎて思い出すたびに苦しむこともまた多いのです。このワークでは記憶は苦しむためのものではなく、そこから学びを得て、将来に役立てるものという前提に立った対処療法です。

嫌なイメージを思い出したときは「ま、いっか！」と言って、いったん、それを受け入れてしまいましょう。過去のことは過去のことと割りきり、常に楽しいことや、今、やるべきことを考える癖をつけるのです。

■ アドバイス

過去のつらい出来事の記憶を緩和するためには、まずその出来事に、あなたにとって肯定的な意味がないかどうかしっかりと検討してみます。その後、その記憶を緩和することで人生が前向きになる確信が得られたら、記憶にひもづくあなたの視覚、聴覚、体感覚が緩和されるまで、映像、音声、身体の感覚を調整します。

DAY
7
7日目

「誰とも比べない」心をつくる
自尊心を強化する簡単なワーク

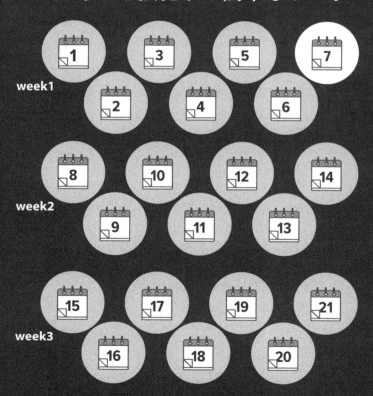

week1

week2

week3

7日目

■ 「誰とも比べない」心をつくる 自尊心を強化する簡単なワーク

「自分を好きでいる」「自分に自信を持てる」という ことは、他人に影響されない自立した心に 不可欠です。自尊心が欠けていると、外部の出 来事に影響されやすくなり、さらにネガティブ な思いを自ら強めてしまいます。ここでは自尊 心を育てることに挑戦してみます。

WORK

ネガティブの連鎖から抜け出せなくなったなら、あなたの自尊心 を強化しましょう。あなたが心がけることは、

① 自分で自分を認めましょう

1日1回「うまくできたこと」を自分で褒めましょう。
そして、1日10回「自分は凄い」と口に出します。

② 自分自身に対して素直になりましょう

自分の好きなものと嫌いなものを正直に言いましょう。
そして、相手に認められるように無理をすることはやめます。

③ 自分は自分、他人と比較するのをやめましょう

他人の意見に流されないように気をつけましょう。
そして、他人に勝つために行っていることをすべてやめるの です。

こだわりをいったん脇に降ろして、頭をからっぽにして、瞑想しましょう。正座して軽く目を閉じ、背筋を伸ばし、頭をからっぽにしてゆっくり鼻で自然に呼吸を整えます。

しばらく瞑想を続けたら、次の言葉を朝晩唱えてみます。

私は私を信じます。
私はありのままの自分を愛します。
私は何があっても大丈夫です。

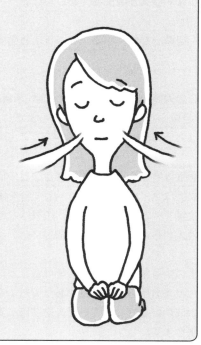

■ 解 説

ネガティブな思いを溜め込んでしまう人は、自分のことが好きではなかったり、自分に自信がない人です。そういう人は自尊心が低いため、自分に不都合なことや不利益なことを記憶に溜め込んで思い出してしまいます。

傷ついたことやつらいことを思い出すことは、そのまま自分への攻撃となってしまい、そのためにストレスが増大し、うつ傾向がひどくなってしまいます。

傷ついたことを思い出す

↓

思い出すことでまた傷つく

↓

ストレスが溜まる。悲しくなる

↓

自尊心が低くなる　といった悪循環・ネガティブの連鎖ができあがります。

この連鎖から脱出するためには、「自尊心」を育てる必要があります。

「自尊心」は心の土台に相当します。この土台がしっかりしていないと、人の心はガラガラと崩れてしまうのです。

男性は学歴や会社名や肩書きなどの権威で身を守ります。

女性はメイクとかブランド品で身を固めるのです。

注意すべきところですが、これは「自尊心」ではありません。

他人から自分を評価して欲しいという気持ちである「プライド」なのです。

世の中は常にうまく行き続けることはありません。世の中は「無常」なのです。

たとえ大手企業の重役であっても、定年退職すればただの人です。学歴や過去の成功にこだわっても世の中は常に変化して、逆に過去の成功体験が足を引っ張ります。

では、どんな人が「自尊心」を持っているのでしょうか？

・上から目線ではなく、誰にでも対等に接する人
・物事の原因を自分の中に求める人
・柔軟だが、主体的に行動する人　だと私は思います。

「自尊心」とは自分のことを愛し、尊敬し、何があっても私は大丈夫だと感じて、自分のすべてを肯定した心の状態なのです。

「自尊心」を育てるためには自分に自信が持てるような経験、自分が好きになるような経験や時間など、人間としての成熟が必要です。ただ、それには時間がかかります。ですのでここではいちばん簡単なワークに取り組みます。こだわりをいったん脇に降ろして無心で取り組みましょう。最後に頭をからっぽにして瞑想してみるのです。正座して軽く目を閉じ、背筋を伸ばし、頭をからっぽにしてゆっくり鼻で自然に呼吸を整えると、

・リラックスできて、苦しかった心が楽になります
・まわりの環境や自分の感情に振り回されにくくなり、気持ちが安定して強くなります
・冷静になれて起きた問題を客観的に見ることができます
・免疫力が高まり、よく眠れるようになり、体調面が改善されます

瞑想中に「自尊心」を高める言葉を唱えます。この言葉はとても強いメッセージ性のある言葉です。冷静な波の静まった心で、この言葉をそのまま心で受け取れるまで唱えてみてください。「こんなの意味がない」「どうせ何も変わらない」という心ではなく、素直に取り組んでみてください。
このワークの目的は「自分自身に還る」その練習です。
だれとも競争せず、遠慮せず、自分ひとりの望み・幸せに還る練習。
それが自尊心を高める自立する心づくりにつながっていきます。

43

■ アドバイス

ネガティブな記憶を溜め込む人の特徴は、「自尊心」が低く、傷ついたことを思い出して、また傷つくことなどが挙げられます。こういう人はストレスが溜まり、悲しくなり、さらに自尊心が低くなるといったマイナスの連鎖を持っています。

この連鎖から脱出するためには、自尊心の強化、すなわち、
1 **自分で自分を褒めること（自己承認）**
2 **自分に対して正直になること（自然体）**
3 **他人と比較しないこと（主体性）**が必要なのです。

自尊心を持った行動が空回りするときは一度、頭をからっぽにして瞑想をすると楽になり、心身ともに安定してきます。

DAY
8
8日目

あなたの優位な五感を使って、
潜在意識を浄化してみよう

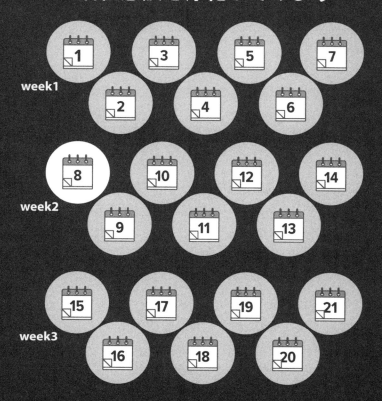

week1

week2

week3

8日目

あなたの優位な五感を使って、
潜在意識を浄化してみよう

第2部では、より具体的なワークに進んでいきます。ここでは自分の得意な五感を知ることからはじめます。それによって自分の心をコントロールしやすくなるからです。

WORK

現実の出来事は、五感からあなたの心のフィルターを通り、記憶に刻まれます。五感の中でも、それぞれ得意な感覚と不得意な感覚が人にはあります。今日は、色、香り、味、音楽、ボディタッチなどの五感の中で、あなたの優位な感覚を知り、それを用いて心を浄化していく方法を体感しましょう。

あなたは、五感のうちのどの感覚が優位に働いているのでしょうか。自分自身ではあまりはっきりとしていないかもしれません。次の質問に答えてみましょう。

質問1

昨日の夕食を思い出してみてください。そのとき、いちばんはじめにイメージしたものは何でしょうか？

1 料理の色や姿
2 食べているときの音
3 食材の食感
4 料理のにおい
5 味

質問2

あなたは今、山にハイキングに来ています。目を閉じて、その状態をありありと想像してみましょう。いちばんはじめに何をイメージしましたか？ どのイメージが強いですか？

1 木々の鮮やかな緑
2 川のせせらぎ
3 さわやかな空気感
4 植物のいい香り
5 湧水の味

質問3

あなたは真っ暗な何もない空間にいます。いよいよ扉が開きました。そのときあなたの持つ最初のイメージはどれですか？

1 まぶしい外の光
2 外から聞こえる音
3 外からの風の感じ
4 扉の錆びついたにおい
5 外から入ってきた空気の味

結果をチェックしましょう。

1は視覚、**2**は聴覚、**3**は触覚、**4**は嗅覚、**5**は味覚に対応しています。いちばん多く選んだものが、あなたの優位な感覚です。３つがすべて違う場合はその３つを均等に使っているということになります。

■ 解説

実践ワークでわかった、あなたの優位な五感を使ってあなたを浄化する例を挙げてみます。

1 視覚による浄化

鏡に映る自分を見つめながら、「ありがとう・嬉しい・楽しい・幸せ」などの肯定的な言葉がけをします。そして鏡の向こう側の自分がとてもよい表情になるまで続けるのです。視覚が優位なあなたは頭の中に映像を描きながら、考えたり、話したり、自己を浄化するタイプです。

2 聴覚による浄化

リラックスできる楽曲や、528ヘルツの浄化作用のある音楽を聴きます（YouTubeなどで気軽に聴けます）。モーツァルトを聴くことも、それが合う人には効果的です。聴覚が優位なあなたは音や言葉を頭の中で聴きながら、考えたり、話したり、自己を浄化するタイプです。

3 触覚（体感覚）による浄化

温泉や森林浴に出向き、「じわーっ」と温泉の温かさに浸ったり、大きな杉に抱きついて杉からのエネルギーを感じたりします。

また、玄関先に盛り塩を置いてゆっくりと時間をかけてそれを感じながら、考えたり、話したりして、自己を浄化するタイプです。

4 嗅覚による浄化

アロマオイルの香りを使ったり、お線香をたくなどします。嗅覚が優位なあなたは香りをじっくりと嗅ぎながら、考えたり、話したり、自分を浄化するタイプです。「不正の臭いがとれる」、「貧乏くささがなくなる」などの嗅覚に関する言葉を好んで使うのもこのタイプです。

5 味覚による浄化

いろいろな食材を摂取して味覚のバランスを調整したり、白湯で味覚の偏りを整えます。味覚が優位なあなたは「辛口の自分」、「しょっぱい人生」など味覚でイメージしたものを味わいながら、考えたり、話したり、自分を浄化するタイプです。

あなたの得意な感覚は、心のフィルターを通り抜けて潜在意識まで届きます。苦手な感覚は心のフィルターでブロックされて潜在意識には到達しません。

過度な抑圧が潜在意識に蓄積すると、心や身体に障害が発症します。そうなる前に、自分の得意な感覚を使って、心のフィルターを通り抜け潜在意識にアクセスしましょう。潜在意識をリラックスした状態にゆっくりと浸すのです。
心と身体の悪いものがどんどん洗い流されていく、浄化のカタルシス効果を、見て、聞いて、感じて、嗅いで、味わいましょう。

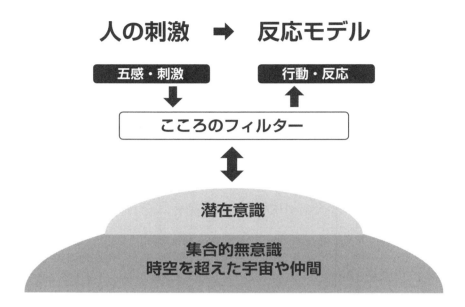

人の刺激 ➡ 反応モデル

五感・刺激

行動・反応

こころのフィルター

潜在意識

集合的無意識
時空を超えた宇宙や仲間

■ アドバイス

五感のなかでも人はそれぞれ優位な感覚を持っています。自分の得意な感覚、
苦手な感覚を知ると、6日目にやった五感を使った記憶の調整や、潜在意識の
浄化などでも、自分に合った効果的なやり方を見つけることができます。また、
あなたの苦手な感覚を強化することで、他者とのコミュニケーションでもバラ
ンスのとれた対応ができるようになる可能性があります。

DAY
9
9日目

「色」を使って、
心をイキイキさせるワーク

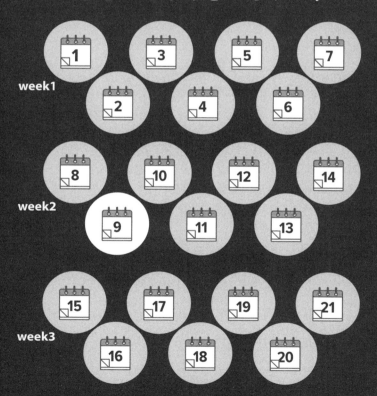

week1 1 2 3 4 5 6 7

week2 8 9 10 11 12 13 14

week3 15 16 17 18 19 20 21

9日目
「色」を使って、心をイキイキさせるワーク

今日は具体的に、あなたの心の状態を見ながら、それに合うヒーリングを行います。その手段に「色」の力を使います。今回も簡単で手軽。色を意識するよいきっかけになるはずです！

WORK

五感の中で視覚を使うことが得意な人がもっとも多いと言われています。この視覚という感覚を使って、あなたの心の状態に最適な色を見つけてみましょう。そしてあなたの潜在意識のクリーニングをしてみます。

今のあなたの心の状態を下記からひとつ選んでください。いちばん近い状態のもので結構です。

1️⃣ 人付き合いがへたで、恋愛に悩んでいる
2️⃣ 責任感のプレッシャーで押しつぶされそうな感じがする
3️⃣ 皆から嫌われている感じがして孤独感がつきまとう
4️⃣ 緊張しやすく、表情も固くなりがちで、疲れてしまう
5️⃣ 頑固でいつも不平・不満を抱き、怒りやすい状態
6️⃣ なぜかいつもイライラしていて熟睡できない
7️⃣ やる気が起きず、ファイトが湧いてこない
8️⃣ 自分が心が狭く自分勝手だと思い、落ち着かない

9 情緒不安定でつい人にあたってしまいよく後悔する

あなたが選んだ番号と同じ番号を次の項目から選択し、その内容にしたがいます。必要な「色」を浴びながら、色がくれる「心」の状態を感じ、「身体」の変化をイメージしてください。

1 ピンク
【心】優しく、ちょっとセクシー
【身体】胸に意識が向き、愛を受け渡しやすくする。顔や皮膚が柔らかくなる。

2 オレンジ
【心】元気いっぱいで心が広い
【身体】下腹部に意識が向き、老廃物を外に出し、腸の働きがよくなり肌が美しくなる。

3 黄
【心】若々しく明るく無邪気
【身体】胃のあたりに意識が向き、視覚を通して脳を刺激し、聴覚が敏感になる。

4 緑
【心】優しく感情表現が穏やか
【身体】胸に意識が向き心を整え、心臓の働きが安定し、目の疲れと筋肉の緊張がやわらぐ。

5 青

【心】不平・不満をやわらげ、怒りを静める

【身体】喉や眉間に意識が向き、言葉や気のつまりが通り、頭
痛がやわらぐ。

6 うす紫

【心】直観と品のある優しく強い心

【身体】頭頂部に意識が向き、心と身体の結びつきが強まり、
直観がクリアに冴える。

7 赤

【心】バイタリティに溢れ目標を達成

【身体】下半身に意識が向き、生命のエネルギーがチャージさ
れる。

8 ゴールド

【心】相手を温かく包み込む深い心

【身体】身体全体に意識が向き、血行がよくなる。

9 シルバー

【心】静かで繊細な優しい心

【身体】神経が静まり、直観が鋭くなり、繊細な魅力が高まる。

■ 解 説

潜在意識につながる目に見える色はすべて周波数で説明できます。

では、色と周波数がどんなふうに潜在意識へ影響を与えるのでしょうか。

まず前提ですが、周波数は振動です。マッサージチェアみたいに振動します。

目に見える

➡ **赤の光の周波数は 405 – 480 THz**

➡ **緑の光の周波数は 530 – 580 THz**

➡ **青の光の周波数は 600 – 667 THz**

➡ **紫の光の周波数は 700 – 790 THz**

ゆったりとした低速マッサージの赤から、高速マッサージの青、さらには超高速の紫まで、**赤⇒オレンジ⇒黄色⇒緑⇒青⇒紫**という順番になっています。

周波数は光の振動ですからこの振動が心に影響を与えるのです。

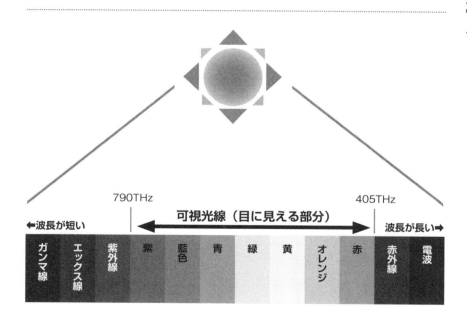

さらに、色と心は密接な関係があるのです。

- 赤　　　　　積極、情熱、勇気、怒り
- オレンジ　元気、人の世話、笑顔、健康
- 黄　　　　　明るさ、遊び心、言葉、話し上手、聞き上手
- 緑　　　　　安らぎ、和、穏やか、植物、育成
- 青　　　　　知的、冷静、判断力、データ、計画、正確
- 紫　　　　　センス、個性、芸術、品性、癒し

また、同じ周波数同士は共鳴し引かれ合うという法則があります。
よい周波数で満たせば浄化されます。よい周波数は同じよい周波数が持っているよい影響をどんどん引き寄せるのです。その結果、光の周波数である色というものは、心や身体、そして場に対して影響を与えることができるのです。

心を浄化し、身体をきれいにしてくれるもっとも大切なものは太陽の光です。太陽光のもとでは私たちの心はおおらかになり、明るく開放的になります。太陽の光の少ない冬よりも、太陽の光のあふれる春から夏にかけて、私たちの心は積極的に明るくなります。

私が住んでいた北ヨーロッパでも、日がのびる春から夏にかけての季節は、公園で多くの人が寝転んで日光浴をしていました。そして夏のバカンスはこぞって南ヨーロッパに移動して太陽の光をたくさん浴びるのです。太陽の光には殺菌作用もあり、ネガティブな気分をポジティブに変えてくれます。バランスのとれた太陽光は心を安定させ身体をリラックスさせ、自己治癒力も高めてくれるのです。

バランスのとれた太陽光は「赤い光」、「オレンジの光」、「黄色い光」、「緑の光」、「青の光」、「紫の光」をブレンドして浴びているのと同じです。光の振動（周波数）の特性なのですが、いろいろな色の光をブレンドすればするほど光の色は「白」になっていくのです。

私たちは浄化を求めると無意識（潜在意識）に「白」を心地よく感じます。

人との競争で生じる憎しみ、恋愛や結婚でのすれ違いで積もった恨み、成功して幸せそうに見える人への恨み、国や社会への反感などでネガティブになり、心がとても重くなっている人もいます。

気が重くなっているためにそれを軽くする──もっとも軽い「気」を持つ色である「白」にひかれていくのです。何にも汚れていない「白」こそが、私たちの心にしっくりくるのです。白は心のおりを流し、明るくなり、身体が軽くなり、運動能力も上がり、心もシャキッとして新たなスタートにはピッタリだからです。

白が活発になると私たちは前向きで明るく、若々しくなります。そして心を清め、素直になれます。さらに、白は全身のバランスをとり、適度の緊張を持ち、身体の機能を高め、働きを滑らかにしてくれるのです。

■ アドバイス

色の力は心にも身体にも行動にも影響を与えます。色はひとつひとつが意味を
持ちます。人間関係や心のバランスがちょっと悪いかなと思ったら、その都度、
本章のワークをやってみましょう。

あなたの人間関係や心の弱い部分を色の力によって補うことができるのです。
また、バランスのとれた太陽光は「赤・オレンジ・黄・緑・青・紫」をブレン
ドして浴びているのと同じです。

いろいろな色の光をブレンドすればするほど光の色は「白」になっていきます。
潜在意識の浄化にしっくりくるのは「白」です。
「白」を見つめながら次の言葉を声に出して言いましょう。

「私の心と身体は浄化されて、みるみる輝きを増している」と。

DAY
10
10日目

たった７つのステップで心身が整う、
はじめてのチャクラ

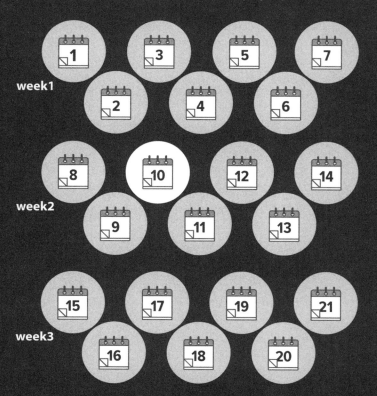

10日目

■ たった7つのステップで心身が整う、 はじめてのチャクラ

チャクラという言葉になじみのない方も多いか
もしれません。チャクラとは身体の中心に縦に
7つある「気（エネルギー）の出入口」です。こ
こを整えることで、心を整えることもできるの
です。

WORK

部屋の中を薄暗くします。
集中力を高めるため、外の音を遮断し、ヒーリング音楽を小さい
音で流したり、アロマやお香などを使ったりしてリラックスでき
る空間をつくります。

ふかふかでない布団の上などに座り、座禅を組みます。目を閉じ
て深く呼吸します。

リラックスできるまで何度も深呼吸を続けます。そして第1チャ
クラから順番に開いていきます。

第1チャクラを開きます

1. 第1チャクラのある尾骨に意識を集中します
2. 身体と地面がしっかりと接触していることを感じます
3. 尾骨にある赤色のエネルギーを胸の中に吸い込みます
4. 赤色のエネルギーを全身に広げます
5. ゆっくりと息を吐き、尾骨からも赤色のエネルギーを吐き出します
6. 身体全体が温まり、尾骨が赤色の光で輝くまで呼吸を5〜10回続けます

第2チャクラを開きます

1. 第2チャクラのあるへその下（丹田）に意識を集中します
2. 第1チャクラで感じたエネルギーが尾骨から丹田まであがり、身体全体に循環しているのをイメージします
3. 丹田にあるオレンジ色のエネルギーを胸の中に吸い込みます
4. オレンジ色のエネルギーを全身に広げます
5. ゆっくりと息を吐き、丹田からもオレンジ色のエネルギーを吐き出します
6. 体全体がウズウズし、丹田がオレンジ色の光で輝くまで呼吸を5〜10回続けます

第3チャクラを開きます

1. 第3チャクラのある胃腸に意識を集中します
2. 第2チャクラから上がってきたエネルギーが胃腸の中でやさしく広がっていくのをイメージします

3 胃腸にある黄色のエネルギーを胸の中に吸い込みます

4 黄色のエネルギーを全身に広げます

5 ゆっくりと息を吐き、胃腸からも黄色のエネルギーを吐き出します

6 胃が活発になり、身体が軽く感じられ、胃腸が黄色の光で輝くまで呼吸を5〜10回続けます

第4チャクラを開きます

1 第4チャクラのある心臓に意識を集中します

2 森林浴をしているような癒しをイメージします

3 心臓にある緑色のエネルギーを胸の中に吸い込みます

4 緑色のエネルギーをさらに全身に広げます

5 ゆっくりと息を吐き、心臓からも緑色のエネルギーを吐き出します

6 愛に包まれた平穏な感じになり、心臓が緑色の光で輝くまで呼吸を5〜10回続けます

第5チャクラを開きます

1 第5チャクラのある喉に意識を集中します

2 喉の渇きを冷たい水で潤わすイメージをします

3 喉にある青色のエネルギーを胸の中に吸い込みます

4 青色のエネルギーをさらに全身に広げます

5 ゆっくりと息を吐き、喉からも青色のエネルギーを吐き出します

6 喉がさわやかになって通りも良くなり、喉が青色の光で輝くまで呼吸を5〜10回続けます

第6チャクラを開きます

1. 第6チャクラのある額に意識を集中します
2. 額には第3の目があり、目に見えない世界を知覚することが出来ます
3. あなたが本当に見たいものをイメージします
4. 額にある藍色のエネルギーを胸の中に吸い込みます
5. 藍色のエネルギーをさらに全身に広げます
6. ゆっくりと息を吐き、額からも藍色のエネルギーを吐き出します
7. 眉間がムズムズし、静寂感に包まれていく感じになり、額が藍色の光で輝くまで呼吸を5〜10回続けます

第7チャクラを開きます

1. 第7チャクラのある頭頂に意識を集中します
2. 頭上には大きな宇宙が広がっているのをイメージします
3. 第1チャクラで感じたエネルギーが身体の中を通って、頭上の宇宙へと抜けていくイメージをします
4. 頭頂にある紫色のエネルギーを胸の中に吸い込みます
5. 紫色のエネルギーをさらに全身に広げます
6. ゆっくりと息を吐き、頭頂からも紫色のエネルギーを吐き出します
7. 意識がどんどん拡大して、神聖な空間にいるような感じになり、頭頂が紫色の光に輝く意識になるまで呼吸を5〜10回続けます

最後に深呼吸をして呼吸を整えたら終わりです。

チャクラとはインド古代語であるサンスクリット語で「車輪・円」という意味
で、一定の臓器（位置）からエネルギーが出入り循環しているという考えです。
主にヨガで使われ、意識を集中することでパワーやエネルギーがとり込まれ、
血行のめぐりをよくしたり、精神面を整える効果があります。
次の7つの主要部分からなります。

第1チャクラ（赤）

尾てい骨にあり、骨髄、腎臓、副腎に影響する。

すべてのチャクラのエネルギーを調節するいちばん大切なチャクラ。活発にな
ると食欲増進、快眠、活力、生命力がみなぎります。ここが弱ると生活習慣が
乱れて不健康になり、不眠症や疲れやすくなります。

第2チャクラ（オレンジ）

へその下（丹田）にあり、生殖器や膀胱、免疫機能に影響する。

活発になると情緒のバランスが整い、適応力・行動力が高まり、生きがいが湧
いてきます。ここが弱ると自暴自棄になり、性欲が暴走したり、うつになった
りします。

第3チャクラ（黄）

みぞおちにあり、消化器系、副腎、肝臓、胆嚢、脾臓などに影響する。

活発になると感受性が豊かになったり、集中力が高まり意欲的になります。内
臓の働きもアップします。ここが弱ると精神不安定になり、感情が働かなくな
り落ち込みやすくなります。

第4チャクラ（緑）

胸の中心にあり、心臓や肺、呼吸器系に影響する。

活発になると感情が豊かになり、愛や思いやりが増します。ここが弱ると孤独
感が増し、他人に優しくできず心が荒みます。

第5チャクラ（青）

喉にあり、喉、甲状腺、副甲状腺、気管支に影響する。

活発になるとコミュニケーション力が充実し、よい言葉を使えるようになります。ここが弱ると言葉が悪くなり、人間関係がぎくしゃくします。

第6チャクラ（藍）

額にあり、目や神経系に影響する。

活発になると直観やひらめきが冴え、仕事や私生活が充実し新分野へと発展します。ここが弱ると物事が進展せず、面白みがなくなります。

第7チャクラ（紫）

頭上にあり、脳に影響する。

活発になると魂が浄化され、潜在意識や宇宙につながり、運がよくなります。ここが弱ると不安で心配になり、不運が続き、深刻な病気になります。

潜在意識につながる大切なチャクラである第7チャクラを開くためには、まずは**第5チャクラの「感情表現力を高め魅力的になること」と第6チャクラの「目に見えない世界を知覚する第3の目が覚醒すること」が必要**になります。
チャクラを開くという感覚をつかむのは難しいかもしれません。ここでは完全にそれをマスターするということよりも、チャクラの存在を知ることが重要です。チャクラを意識することで今後気づくことが多くあるからです。

古代インドのヨガなどからきたチャクラは潜在意識ととても深い関係にあります。ワークのテキストを読み上げ録音をしておくとよいでしょう。その音声を再生しながら、ゆっくりとした腹式呼吸で瞑想をしましょう。7つのチャクラをその色と身体の位置を意識して、ひとつひとつ丁寧に開いていくと、心と身体のバランスがとれ、潜在意識もニュートラルになり、安定してきます。

DAY
11
11日目

あなたの心の癖を知り、
相手の心を理解するコツ

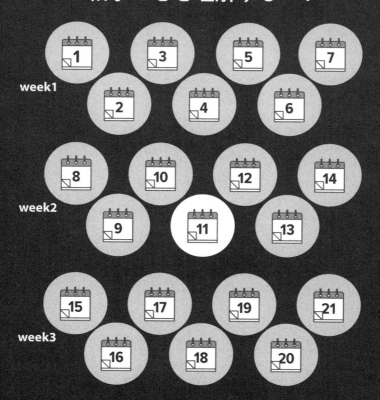

week1 1 2 3 4 5 6 7

week2 8 9 10 11 12 13 14

week3 15 16 17 18 19 20 21

11日目

あなたの心の癖を知り、相手の心を理解するコツ

人間関係は人の悩みの多くの部分を占めます。ですが、人はそれぞれ違い、価値観も行動特性も違います。違っていていいのです。その違いを明解に理解していきましょう。

WORK

次の質問であなたのタイプを分析します。

質問1

休息してエネルギーを充足したいとき、あなたは、

1 ひとりでいたいですか？
2 他の人と一緒にいたいですか？

質問2

あるトピックについて学ぶなら、あなたは、

1 その事実そのものと、それが今どのように使えるかに興味を持ちますか？
2 その事実が将来どこに適用できるのか、その概念を推論することに興味を持ちますか？

判断を下すとき、あなたは、

1 感情を切り離して、根拠と理論に頼りますか？
2 自分の感情や価値観に頼りますか？

分 析

あなたの持っているタイプは、
質問1：**1**は「内向型」、**2**は「外向型」
質問2：**1**は「感覚型」、**2**は「直観型」
質問3：**1**は「思考型」、**2**は「感情型」

「内向型」はひとりでいるのが心地よく、自分の思想や思考の内的な世界を好みます。自分をしっかり持っている、いい意味での自己中心、自己チュウです。

「外向型」は他の人と一緒にいるのが心地よく、人や物であふれる外の世界が好きです。周りに気を配り、空気を読むことができます。

「感覚型」は体験と人生における、今この瞬間の事実を理解したがります。今ここの状態をスキャナーで読んでいるような感覚です。

「直観型」は事実の将来の可能性や、他の事実との関係性、その意味を理解したがります。発想が豊かで、思考がいろんなところに飛んでいきます。

「思考型」は客観的で全体的に論理的な判断や決断を下します。周りがザワザワしていてもクールに合理的な判断をしたがります。

「感情型」は主観的で個人的に人情的な判断や決断を下します。喜怒哀楽が豊かで、感情的に判断します。

怒

喜

哀

楽

今回ワークでやったのは有名な心理学者ユングの提唱した**「タイプ論」**です。人間の傾向を見るのに、**2つの態度（内向・外向）**と**4つの機能（感覚・直観・思考・感情）**をタイプとして定義しました。

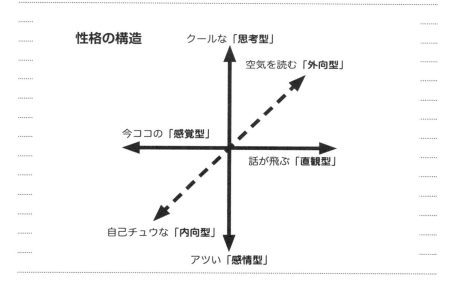

2つの態度とは**「外向型」**と**「内向型」**です。「外向型」と「内向型」はお互いに両極端の関係にあります。そしてひとりで「外向型」の行動パターンと「内向型」の行動パターンの両方を併せ持つことはできないのです。自己チュウと空気を読む人を心の中で両立させられません。

また、「外向型」の性格を持つ人と「内向型」の性格を持つ人は相互に理解することが難しく、誤解や対立が生まれてしまうのです。自己チュウと空気を読む人は対立するのです。「外向型」と「内向型」は生まれながらの性格によって決まっているので、あとからの環境では変わりませんし、意図的に変容させることは極めて難しいのです。

「外向型」と「内向型」の決定的な違いは自分の外部と内部のどちらへより大きな興味を向けるかということです。人が行動を起こす基本となる価値観を自分の外側に置くのか、内側に置くのかということなのです。

「外向型」は自分の世界を主体的に広げていき、自分の周りで起こっていることに、素早く的確に反応します。

「内向型」は自分の内界に集中し、深めていきます。そして、自分の内面から出てくることを的確に把握し、反応します。

「外向型」は周囲の人の評価や社会的な名声が気になります。
「内向型」は社会的な評価や他人からの意見は気になりませんが、自分の内側にある価値観を守ろうとするのです。

「外向型」は社交的で行動力があり、集団活動への参加意識が強く、自分の内側の世界を大切にする「内向型」よりも社会への適応力が高いのです。

「外向型」に向いている仕事は、人間と関わってリーダーシップを発揮する経営者や管理職、顧客とコミュニケーションして商品を売り込む営業販売職、周囲の仲間と協力してプロジェクトを実現する企画や広報などが向いています。顧客との相互的な人間関係を大切にしながら、サービスの魅力や品質をアピールするサービス業や接客業全般にも向いています。

「内向型」に向いている仕事は、自分固有の知識や技能を活用する専門職（技師、会計士や研究者）、人間とあまり関わらずにモノづくりを行う製造業、自分で運転して商品を搬送する運送業などが向いています。地道にコツコツと研究や調査を続けていく仕事や、他人からの好意や評価を気にせずに、ひとりでのめり込んで行える仕事全般に向いています。

次に4つの機能とは「感覚型」「直観型」「思考型」「感情型」です。

例えばフランス料理の美味しいスープを飲んだとき、
「思考型」はどうしてこんなに美味しいのだろうかと客観的に理由を分析します。自分自身から抜け出して、遠くから第三者の目で見る感じです。

「感情型」は自分の純粋な好き嫌いの気持ちで判断します。好きな味を熱く語りながら、豊かな表情を見せ楽しむ感じです。

「思考型」と「感情型」が一緒に食事をしたとします。スープの成分を語る「思考型」と根拠なく熱く好きな味を語る「感情型」は対立しやすいのです。

「感覚型」は風味や味や香りや見た目など五感で細かく感じ、基本からは外れません。まさに今ここでの味わいに集中している感じです。

「直観型」は「ラーメンのスープにしたら売れるな」と可能性や新しい観点を見出します。ラーメンを食べているのですが頭はすでに別のテーマに飛んでいます。

「感覚型」と「直観型」が一緒に食事をしたらどうでしょうか？ 五感をフルに使いながら今まさにここで、食するスープの味を楽しむ「感覚型」と、ラーメンのスープに利用する将来のビジネスモデルを語る「直観型」が、相互理解するのは難しいのです。

２つの態度「外向型」「内向型」と４つの機能「感覚型」「直観型」「思考型」「感情型」を組み合わせた８種類の類型をあらかじめ頭に入れておけば、人間の性格を理解することができます。さらに自分のタイプにない相手の態度や機能を理解することで、相手の気持ちや世界観を理解することにも役立つのです。

これらのタイプはあくまでその人の傾向を見るものであり、これにすべてを当てはめてしまうものではないので、この点は気をつけておく必要があります。

あなたと私の性格は変えることができないけれど、相手との類型の違いの存在を知ることで人間関係がぐっと楽になります。結果、ポジティブな感情が潜在意識に蓄積されていくことにつながるのです。

■■ アドバイス

あなたが生まれながらに持っている性格を理解しましょう。

自己チュウの「内向型」？　それとも、空気を読む「外向型」？
今ココの「感覚型」？　それとも、話が飛ぶ「直観型」？
クールな「思考型」？　それとも、アツイ「感情型」？

あなたと相手の性格は変えることができません。
けれども、あなたと相手の「心の利き手」の違いを味わい、楽しみましょう。

大切なのは他者理解、相手の世界観を尊重することです。
「違いがある」、「違っていて当然なんだ」
そう思えば、人間関係の悩みも軽くなってきませんか？

DAY 12

12日目

人づきあいがラクになる、
上手な「人格」のつくり方

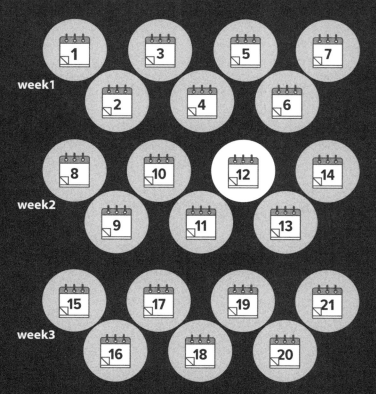

week1
1
2
3
4
5
6
7

week2
8
9
10
11
12
13
14

week3
15
16
17
18
19
20
21

12日目

人づきあいがラクになる、上手な「人格」のつくり方

職場と家庭など、「場」が変わると変容する「人格のパターン」を人は持っています。この章ではおおまかに10タイプを紹介します。相手のタイプと合わせるとストレスなく良好な人間関係が望めるのです。

WORK

潜在意識のフィルターを確認する方法として、言葉と行動から自分や相手をプロファイルする手法である**「LAB プロファイル ®」**を体験してみましょう。

人は心にフィルターを持って生きています。心にはいろんなパターンがあります。仕事で役割を担っているとき、家族と一緒に過ごすとき、趣味に没頭しているとき、あなたの心のパターンは変わります。環境によって変わる心のパターンを**人格**と言うのです。

LAB プロファイルで「言葉によるプロファイリング」を習得すると、相手や自分の**「心のパターン」**が理解でき、会話が楽になり、良好な人間関係を構築し、結果、人を好きになり、人生に幸せを感じるようになります。

LABプロファイルはIBM、マイクロソフト、ユネスコなど、世界的に広く使われているのです。

まず、次の5つの質問に答えて、自分のプロファイリングをしてみましょう。プロファイルする「場」を今回は「仕事」に固定して一貫性を保ちます。

質問1

あなたの右手の上と左手の上に2つの仕事があります。
この仕事のどちらかを選ばなければならない場合、どちらをとりますか？

　【右手】
　　目標を達成したり、ゴールに到達したりすることができる仕事
　【左手】
　　問題について考えたり、問題を回避することができる仕事

質問1のパターンの結果

【右手】目的志向型
　　目標を達成することに焦点が置かれる。方向性が明確
　　　〔**影響言語**：到達する、獲得する、所有する、手に入れる、達成する、目標、目的〕

【左手】問題回避型
　　問題を発見し、回避し、解決することに意欲が湧く
　　　〔**影響言語**：～しないようにする、避ける、回避する、取り除く〕

あなたの右手の上と左手の上に2つの仕事があります。
この仕事のどちらかを選ばなければならない場合、どちらをとり
ますか？

【右手】
　自分の内側にある基準に基づいて、みずから判断を下す仕事
【左手】
　判断を下すために、外側からのフィードバックを必要とする
　仕事

質問2のパターンの結果

【右手】 内的基準型
　自分の中に判断基準があり、自分で決定したいと考える
　　〔**影響言語**：決められるのはあなただけ、あなた次第、おわか
　　りだと思いますが〕

【左手】 外的基準型
　周りからのアドバイスを尊重し、周りや人に判断をゆだねる
　　〔**影響言語**：○○さんが言うには、○○さんの考えでは、周囲
　　に認められる〕

質問3

あなたの右手の上と左手の上に２つの仕事があります。
この仕事のどちらかを選ばなければならない場合、どちらをとりますか？

【右手】
状況に応じていろいろな可能性を考え、柔軟に選択肢を選ぶ仕事

【左手】
一度決めたプロセスに従って、確実に実行していく仕事

質問3のパターンの結果

【右手】オプション型

絶えず他の方法や別の選択肢を見つけ出そうとする

〔**影響言語**：可能性、代替案、別の方法、多様性、選択肢、ルールを破る〕

【左手】プロセス型

決まった手順に従って物事を進めるのが得意

〔**影響言語**：正しい方法、確実に、手順に従う（はじめに〜それから〜最後に）〕

質問4

あなたの右手の上と左手の上に2つの仕事があります。
この仕事のどちらかを選ばなければならない場合、どちらをとりますか？

【右手】
情報の詳細を求め、正確に順番に処理しようとする仕事
【左手】
物事の全体像・大枠を見る仕事

質問4のパターンの結果

【右手】詳細型
細かいところまで正確な情報を提供してほしいと考える
〔**影響言語**：厳密に、正確に、具体的に（詳細を与える）〕

【左手】全体型
物事の全体像をざっくりと把握しようとする
〔**影響言語**：全体像、ざっくり、不可欠なことは、ポイントは、一般的に〕

質問5

あなたの右手の上と左手の上に2つの仕事があります。
この仕事のどちらかを選ばなければならない場合、どちらをとりますか？

【右手】
すぐに行動に移すことが求められ、主体的に行動しながら考える仕事
【左手】
物事をじっくり考え、状況を理解してから行動に移す仕事

質問5のパターンの結果

【右手】主体行動型
率先して行動することでやる気が湧く
〔**影響言語**：とにかくやってみる、飛び込む、今すぐに、とりあえずやってみる〕

【左手】反映分析型
待って、分析して、検討して、周囲に反応することでやる気が湧く
〔**影響言語**：理解する、検討する、分析する、考慮する、様子を見る、待つ〕

前章では人が生まれながらに持っている「性格」について学びました。
本章でやる**「人格のパターン」**は、人の活動する仕事・家族・趣味などの**「場」**
が変わるとパターンも変容するという前提に立っています。

例えば、ある飛行機の整備士は「仕事という場」においては、問題が起こらな
いように、あらかじめ決められた外部の判断基準と手順に従って、詳細に飛行
機の整備をする「問題回避型」、「外的基準型」、「プロセス型」、「詳細型」のパ
ターンを持っています。しかし、彼は「家族と過ごす場」では適当でおおざっ
ぱな「全体型」のパターンを持つ人格であるかもしれませんし、「趣味の場」で
は多趣味で目的を極める「オプション型」と「目的志向型」のパターンを持つ
人格かもしれません。

あなたは自分の「人格」のパターンを変えて、相手のパターンに合わせること
もできます。組織の求める役割に応じた「人格のパターン」をつくり、役割を
演じることができるのです。

LAB プロファイルは 37 のフィルターのパターンを使って、言葉と行動を分析
し相手の思考パターンを把握します。

人のやる気を高める要因はそれぞれの人で異なります。この要因が 37 パター
ンあります。人の関心をひきつける言葉もパターンによって異なります。それ
を**影響言語**と呼びます。本章ではそのうち、10 のパターンの定義とそのパター
ンの人をひきつける影響言語をまとめています。

LAB プロファイル：パターンの定義と影響言語

方向性

目的志向型	定義	目標を達成することに焦点が置かれる。方向性が明確
	影響言語	到達する、獲得する、手に入れる、達成する、目標、目的
	しぐさ	・何かを指差す ・うなずく ・受け入れるジェスチャー
問題回避型	定義	問題を発見し、回避し、解決することに意欲が湧く
	影響言語	〜しないようにする、避ける、回避する、取り除く
	しぐさ	・排除する ・首を横に振る ・何かを避けたり取り除いたりするジェスチャー

判断基準

内的基準型	定義	自分の中に判断基準があり、自分で決定したいと考える
	影響言語	決められるのはあなただけ、あなた次第、おわかりだと思いますが
	しぐさ	・背筋を伸ばして座る ・自分を指差したり胸に手を当てたりする ・他者の評価に反応する前に自分で評価するため、反応までにしばらく時間がかかる
外的基準型	定義	周りからのアドバイスを尊重し、周りや人に判断をゆだねる
	影響言語	○○さんが言うには、○○さんの考えでは、周囲に認められる
	しぐさ	・上体を前に倒す ・周りの人の反応を見る ・周りの様子を窺って、うまくいっているか知りたがる様子が顔に表れる

選択理由

オプション型	定義	絶えず他の方法や別の選択肢を見つけ出そうとする
	影響言語	可能性、代替案、別の方法、多様性、選択肢、ルールを破る
プロセス型	定義	決まった手順に従って物事を進めるのが得意
	影響言語	正しい方法、確実に、 手順に従う（はじめに～それから～最後に）

スコープ

詳細型	定義	細かいところまで正確な情報を提供してほしいと考える
	影響言語	厳密に、正確に、具体的に（詳細を与える）
全体型	定義	物事の全体像をざっくりと把握しようとする
	影響言語	全体像、ざっくり、不可欠なことは、ポイントは、一般的に

主体性

主体行動型	定義	率先して行動することでやる気が湧く
	影響言語	とにかくやってみる、飛び込む、今すぐに、とりあえずやってみる
	しぐさ	・せっかち ・早口でしゃべる ・ペンでコツコツ音を立てる ・活動的でじっと座っているのは苦手
反映分析型	定義	待って、分析、検討して、周囲に反応することでやる気が湧く
	影響言語	理解する、検討する、分析する、考慮する、様子を見る、待つ
	しぐさ	・長時間座っていることをいとわない

「**目的志向型**」の人から見て「**問題回避型**」の人はネガティブなことばかり言う人に映るかもしれません。

「**プロセス型**」の人から見て「**オプション型**」の人は柔軟すぎて、いい加減な人に見えるかもしれませんし、「**オプション型**」の人から見て「**プロセス型**」の人は、融通の利かないつまらない人に見えるかもしれません。

「**全体型**」の人が「**詳細型**」の人の話を聞くと、ポイントがわからず、「で、要は何を言いたいの？」と言いたくなるかもしれません。「**詳細型**」の人が「**全体型**」の人の話を聞くと、おおざっぱすぎて、「具体性がない」と言いたくなるかもしれません。

「**主体行動型**」の人が「**反映分析型**」の人に対して、「何故、ウジウジ考えてばかりで行動に移さないのか、まったく理解できない」と言うことがあります。一方、「**反映分析型**」の人が「**主体行動型**」の人に対して、「よく考えないで行動するあの人は危なっかしくてしょうがない」と言うのを聞いたことがあります。「主体行動型」のベンチャーの経営者などが「まずは走りながら考える」とか「最悪なのは失敗を恐れて何もしないことだ」などと言っているのも耳にします。

でも、ここで**大切なことはパターンそのものに良し悪しがあるわけではないということです。人は皆、得意、不得意を持っています。**

自分と相手の違いを肯定的に味わい、楽しみ、お互いの得意、不得意を補完し合えれば素晴らしい人間関係が生まれるのです。

そのためにも、あなたは**「場」に応じてふさわしいパターンを見つければよい**だけなのです。

あなたの持つパターンと影響言語を理解し、さらにはあなたの持つパターンと反対のパターンとその影響言語を理解してみましょう。そうすると相手に伝わる影響言語を使うことができるようになります。

例えば、同じ英会話教室を営業するにしても「目的志向型」には「グローバルに大活躍できるための教室」と言い、「問題回避型」には「入社に失敗しないための英語力をつける教室」と言うと効果的です。

また、商品を営業する殺し文句も、「内的基準型」には「この商品のよさはあなたならばおわかりになりますよね」と言い、「外的基準型」には「皆がいい商品だと言っていますよ」と言うなど、対応するタイプによって明確な違いがあります。

仕事を紹介するときも、「オプション型」には「いろいろな可能性や選択肢がある仕事」だとすすめ、「プロセス型」には「手順に従い確実に進めていく仕事」だとすすめると、影響言語が相手の潜在意識のフィルターをすっと通してくれるのです。

次に、人生における「性格」、「人格」、「自我」の意味についてお話ししたいと思います。少し哲学的な話も入ってくるのですがお付き合いください。

人は心にフィルターを持って生きています。心にはいろいろなパターンがあります。8日目にも解説しましたが、あなたの得意な感覚や言葉は、心のフィルターを通り抜けて潜在意識まで届きます。あなたの苦手な感覚や言葉は心のフィルターでブロックされて潜在意識には到達しません。

あなたの持つ「心のフィルター」によって、特定の情報だけが潜在意識に蓄積されていきます。この**人によって異なるフィルターのくせのことを「心のパターン」**と呼ぶのです。

> ・物事のよいところだけをフィルタリングしてどんどん前に進む心のパターン。
> ・物事の悪いところだけをフィルタリングしてそれを避けようとする心のパターン。
> ・自分の周りの情報ばかりをフィルタリングして外部の情報に影響される心のパターン。
> ・自分の心の中の思考ばかりをフィルタリングして内省を繰り返す心のパターン。

生まれながらに持っている心のパターンを「性格」と呼びます。
学校、会社、社会という集団の中で後からつくられていく心のパターンを「**人格**」と呼びます。集団の中で役割を演じようとしてあまり無理して人格をつくろうとすると心は苦しくなり壊れてしまいます。先天的な性格と後天的につくられた自我（個性）や人格のバランスをとり、折り合いをつけていくことは難しいのです。
そしてその自我というものは私たちの人生の終焉が近づくにつれて薄まっていくのです。人生とは集合的無意識から生まれ、そしてそこに戻るプロセスと考えれば、自我を洗い流し、集合体へ戻る準備をしているのかもしれません。

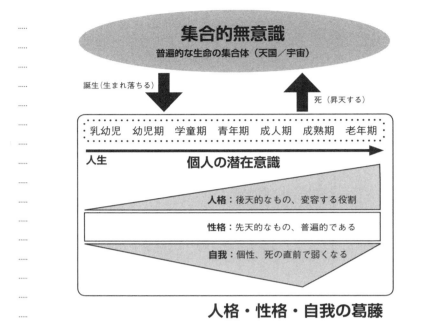

人格・性格・自我の葛藤

一方、人格の持ち方は人それぞれです。

仕事で無理やりつくった人格は仕事を終えると持ち続けるのはつらくなります。そして、その人格を手放すことが認知症などにつながるのかもしれません。

自分の人生の場面に応じて、いろんな役割を担ったり、演じたりして、たくさんの人格のパターンを自然につくれた人は、上手に人格を統合して、年老いてもそれを持ち続けます。このような人はたくさんの心のフィルターのパターンの引き出しを持っているので、相手の心がわかってきます。

相手の心のパターンに言葉を合わせていくと相手が前向きに反応します。
これこそが「言葉によるプロファイリング」のよい点なのです。
これを続けていくと、次第に相手が自分の言葉にペースを合わせてくれるようになります。これを「信頼関係の構築」と呼びます。

多くの人は苦手な人がいます。そして、人間関係に悩んでいます。それは相手の心のパターンを理解していないからだと私は思います。

「心のフィルターのパターン」や「言葉によるプロファイリング」を習得すると、会話が楽になり、人間が好きになり、人生の幸せを感じるようになるのです。

潜在意識のフィルターの仕組みを体得するためには、まずはいろいろなフィルターを受け入れて体感しながら、自分の持っているフィルターをゆるめていく実践が大切なのです。

どんなに年老いても、どんな人生の場面でも、だれに対しても、柔軟で普遍的なコミュニケーションがとれて信頼関係を築ける、ということは素晴らしいことなのです。

■ アドバイス

あなたが生涯をかけてたくさんの人格のパターンを体験し、それを統合することでよりよい人間関係をつくっていきたいと思うのなら、本章でやった言葉によるプロファイリングを実践することをおすすめします。

あなたが持っている「人格」とは、人生の経験において、仕事、趣味、家庭などの「場」ごとに後天的につくられたフィルターのパターンです。

相手の人格を知るためには影響言語を相手に投げ、相手の反応を観察して相手をプロファイリングしていきます。

まずは「場」を決めてから、相手をプロファイルするかどうかを決めることが大切です。
プロファイルができたならば、相手のフィルターのパターンに合わせた言葉を使うことにより、相手は心地よく、潜在意識のフィルターを通してくれるので心の奥まで届くのです。そうするとあなたのコミュニケーションの引き出しが増えていきます。

DAY
13
13日目

「しぐさ」で心を通わせる、
「マッチング」と「ミラーリング」

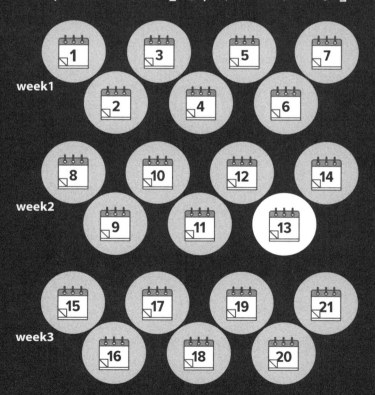

week1

week2

week3

13日目

「しぐさ」で心を通わせる、「マッチング」と「ミラーリング」

人のしぐさの中には、人間関係の秘密がたくさん隠れています。それを知るだけで相手の心も読めますし、心を通わせることもできます。また自分の心の状態に気づくことすら可能なのです。

WORK

犬のしっぽを見ていると犬の心の状態がよくわかります。
しっぽを激しく振るのは**「すごく嬉しい」状態**。
しっぽが上がっているのは**「自信たっぷりで意気揚々な」状態**。
しっぽ下がっているのは**「不安を感じてしょぼくれた」状態**。
しっぽを足の間に巻き込むのは**「不安をこえて恐怖の」状態**。

残念ながら、しっぽがある限り、犬は自分の心の状態を隠すことができないのです。あなたにも犬のしっぽのように潜在意識の状態がわかるものがあったらどうでしょうか？

実はあるのです。それは「しぐさ」です。

あなたの潜在意識の状態は意識にないので、自分ではわかりませんよね。でも、あなたがどんな「しぐさ」をしているのかを観察するとあなたの潜在意識の状態を知る手がかりがつかめるので

す。

あなたはどんな「しぐさ」をよくしますか。下から選んでみましょう。そしてあなたの潜在意識の状態を知る手がかりをつかんでみましょう。

質問

次の 11 の「しぐさ」の中であなたがよくする「しぐさ」を 3 つ選んでください。自分ではわかりにくい「しぐさ」もあるので仲間に選んでもらうのもいいでしょう。

1 あごを触る
2 目をこする
3 まばたきをする
4 上目づかいをする
5 眉を動かす
6 耳たぶを触る
7 爪を噛む
8 腕を組む
9 首をかしげる
10 貧乏ゆすりをする
11 ひんぱんに髪を触る

分析

あなたがその 11 の「しぐさ」をするときの潜在意識の状態です。

1 あごを触る
自己顕示欲が強い状態です。とくに口の周りはもっとも自分の欲求を表します。

2 目をこする
隠しごとがあり、感情を読み取られたくない状態。

3 まばたきをする
緊張・不満・怖れ・驚きなどの状態。口に出せないとまばたきが多くなります。

4 上目づかいをする
自分の方が下だからと優しさを求めている状態。

5 眉を動かす

感情が豊かで、明るくおどけてみせるが、とても寂しがっている
状態。

6 耳たぶを触る

甘えん坊で、わがままな状態。

7 爪を噛む

うまく自分を表現できないイライラや、不安を抱えている状態。
やりたくないことをやらされていると思う状態。

8 腕を組む

「自己防衛」や「威張りたい」という状態。

⑨ 首をかしげる
思案中や、人に甘える状態。

⑩ 貧乏ゆすりをする
ストレスやイライラが溜まる状態。潜在意識が貧乏ゆすりで解消しようとしています。

⑪ ひんぱんに髪を触る
緊張や、寂しさ、不安、ストレスなどを感じている状態。

あなたの脳の大脳辺縁系がすべての「しぐさ」をコントロールしています。

辺縁系は「生き残り脳」とも呼ばれ、あなたの命を守るために本能的に反応を
しています。辺縁系は考えることをせずに反射的に、瞬間的にその場で反応す
るのです。そうした反応はあなたの足や胴体、腕や手や顔の動きとして表れる
ので、見逃さずに観察すれば潜在意識の状態を解読できるのです。

これらの反応は思考を介することなく表面に表れるため、あなたの潜在意識の
状態がわかります。

「しぐさ」などの「言葉によらないサイン」を観察することを実践心理学では
「キャリブレーション」とよびます。あなたの「しぐさ」を仲間にキャリブレー
ションしてもらい、潜在意識の状態を読んでもらうのもよい方法です。

「言葉によらないサイン」には、**姿勢、接触、口元、瞳孔、目の動き、まばた**
き、顔の表情、皮膚の色、呼吸の深さ、声のトーン、スピードなどがあります。

まずは**「姿勢」**についてです。
手を組んだり、脚を組んだりするのは、相手や、話の内容に対する拒否のサイ
ンです。これがリラックスしてくると手がほどけて手の部分や手のひらが見え
てきます。

身体が縦に揺れているのはうなずきと同じく、相手の話に興味があるというサ
インです。身体が横に揺れたり、片肘をついたり、椅子にもたれているのは相
手の話に興味がないというサインです。

次は「**接触**」についてです。

せわしなく、自分の身体に触る動作は緊張や、相手への拒否を示します。自分の身体に触れて落ち着かせようとする人間の本能です。逆に、ゆっくりと一点を触れる行為は落ち着いてリラックスしているサインになります。

貧乏ゆすりなど、あることを繰り返す動作は飽きているというサインです。退屈している自分をなだめる動作です。

そして「**口元**」ですが、相手を受け入れないときは口が固く閉じますが、相手に興味を示し、リラックスして、楽しんでいるときは口が開いています。
口元を繰り返し触るのは嘘をついているサイン、耳元を繰り返し触るのは話を聞きたくないサインです。

大切なのは「**目**」についてです。
私たちは表情から相手の気分を読み取ろうとします。しかし、人というものが本当は嬉しくなくても嬉しそうな顔をしたり、悲しくなくてもわざと悲しそうな顔ができることも知っています。

一流の女優さんは本当に上手に顔で嘘をつくことができます。顔から相手の本当の気持ちを読み取ることは容易ではないのです。ところが、「目は口ほどに物を言う」ということわざがある通り、顔の中でも容易に嘘のつけない場所があります。

それは目の「**瞳孔**」です。

瞳孔の大きさから相手の気分を読み取ることができるのです。小さくて微妙なサインなのですが、瞳孔は真実を伝えます。犬が感情を表すしっぽ振りをコントロールできないのと同じように、人間も感情を表す瞳孔の拡縮をコントロールすることができないのです。

98

人の瞳孔は、有色の虹彩の中央にあり、黒い点のように見えます。それは眼への光の入口であって、明るさに応じて大きさが変わります。

瞳孔は明るいところでは小さくなり、暗くなると大きく開きます。
周囲の明るさとは関係なく瞳孔が開くのは相手に性的な魅力を感じたり、怒りなどの強い感情を覚えたときです。何か興奮させられるものを見たときはそれが嬉しいことでも、恐怖でも、瞳孔は開きます。一方、あまり好ましくないものを見たときには瞳孔は収縮します。

瞳孔信号は無意識のうちに出されるばかりでなく、無意識に受け止められてもいます。ふたりがお互いに瞳孔を拡大させていれば快い興奮を覚えますが、収縮していると沈んだ気分になります。これは表面的な顔の表情の深層で取り交わされる潜在意識でのサインなのです。

「目の動き」も私たちに潜在意識からのサインをくれます。
一般的には記憶を思い出すときは左上、アイデアを創造するときは右上、じっと自分の中で考えるときは左下を向きます。相手に「昨日は何をしていたか？」と質問をして、相手の目線が右上に動いたらつくり話をしている、すなわち嘘をついていることがわかるのです。

ただし、この目の動きのサインの例は右利きで、過去に大きなトラウマが無い人という条件が付きますので、あらかじめ相手の利き手や過去の経験を聞いておくとよいでしょう。

ここで少し、嘘がわかるヒントになる「しぐさ」についてまとめてみましょう。

- ・目元や口元に手が行く
- ・意味のないうなずきが増える
- ・視線がキョロキョロと落ち着かない
- ・目が左右に動いて鼻や手を触れる
- ・右上を見ながら過去のアリバイを話す
- ・急に笑いが少なくなる
- ・足を引っ込める
- ・喉をさわる
- ・声の張りがなくなる
- ・呼吸が乱れる
- ・唇を噛む

どんなにとりつくろっていても、嘘をついているという意識があれば潜在意識が身体のどこかに変化や反応を起こしてしまうのです。ただし、嘘のときに出る「しぐさ」はストレスを感じているときの「しぐさ」と似ているので、注意が必要です。

「嘘」は悪いことだという固定観念がありますが、実は嘘をつくことはときには心を守ってくれる防御手段として心理学的にはとても意味があることなのです。

嘘をつくことは人をだますことですが、その本質は、自分の意識を守るということなのです。
あなたの自我は潜在意識からの要求に答えようと頑張っています。そうしないと、潜在意識が暴走してしまうからです。自我の頑張りがいよいよ限界に来たときに自分の意識を守るための、一時的な**「心の安全装置」**が働きます。

この「心の安全装置」には次のようなパターンがあります。

> ・臭いものにふたをする（抑圧）
> ・病気に逃げる（逃避）
> ・自分の不安を相手の中に映す（投影）
> ・他人に八つ当たりする（置き換え）
> ・顔で笑って心で泣く（反動形成）
> ・他人で自分のコンプレックスを解消（同一視）
> ・自分を正当化（合理化）
> ・つらい現実を受け入れない（否認）

ただ、この安全装置は、心の自由を奪いますし、ずっと作動し続けると負荷がかかって、安全が保てなくなってしまいます。そうすると、心の病気が発生してしまうので依存し続けるのは危険なのです。

本章のワークの最後にある**「ひんぱんに髪を触る人」**についてはどうでしょうか。緊張している人を見ていると、本人はまったく意識していないのだけど、髪の毛をいじっている光景を多く見かけると思います。

潜在意識が人を髪の毛を触る行動に駆り立てるのです。
人は緊張すると毛穴が開くため、皮膚がかゆくなります。頭をかくのは、恥ずかしい、緊張しているというサインです。子供のころに、緊張や、寂しさ、不安、ストレスなどを感じると、お母さんに身体に触れられることによって安心感を求めようとします。

とくに頭は身体の中でももっとも大切な部分なので、本能的に頭を守ることで自分を落ち着け、安心感を得ようとします。同じく、自分で髪を触ることで、緊張や、寂しさ、不安、ストレスなどを和らげようとするのです。

緊張を感じる相手は、上司などの力関係が上の人や、恐怖を感じる人、初対面の人などいろいろありますが、ここで言う緊張は気になる人や好意を持っている人に感じる緊張なのです。女性が男性の前で髪を触る行動をするのは、女性の潜在意識の中にもっともっと可愛がってほしい、愛してほしい、私を見てほしいといった心理が働いています。

自分を綺麗に見せたい、表現したいなどの心理も潜在意識に働き、髪の毛をくるくるさせたりします。これが極端になると「髪を触るしぐさ」から「髪をかき上げるしぐさ」へと変わる場合もあります。

ナルシストな人も、ひんぱんに髪をかき上げます。
これらはいずれも、緊張状態のときに出る「しぐさ」なのです。

「髪の毛を引っ張るしぐさ」は、理想が高く向上心があっても現実がついていっていないときに表れます。髪の毛を引っ張るのは自分に対する攻撃行動です。潜在意識の中で自分や自分の行動を肯定的にとらえることができない心理状態になり、もっと頑張れと自分自身に罰を与えるのです。

自分の髪を強く引っ張ったり、抜いたりする行動は、潜在意識の中で自分自身を傷つけてしまう心理状態を表すのです。

■ アドバイス

潜在意識からのサインを正しく読むためには、次の９つのルールがあります。
これらは仲間にあなたの「しぐさ」の特徴を見つけてもらい、あなたの潜在意
識の状態を解読してもらう鍵になります。

1 五感を使って、身の回りを注意深く、的確に観察します
2 前後関係をよく把握し観察するほど、その「しぐさ」の意味をよりよく理解
　できます
3 ほとんどの人に同じように見られる普遍的な「しぐさ」を見分けて解読しま
　す
4 それぞれに異なる特異な「しぐさ」を見分けて解読します
5 いつもの動作との比較が大事になります
6 複数のまとまった、あるいは連続して起こる「しぐさ」に注意します
7 思考、感情、関心、意図などが変化を示す「しぐさ」を探します
8 見せかけや紛らわしい「しぐさ」を見抜きます
9 快適と不快の「しぐさ」を見分ける方法を知れば、もっとも重要な行動がわ
　かります

DAY
14
14日目

不安も動揺も瞬間にかき消す、
「心の軸」は必ずつくれる！

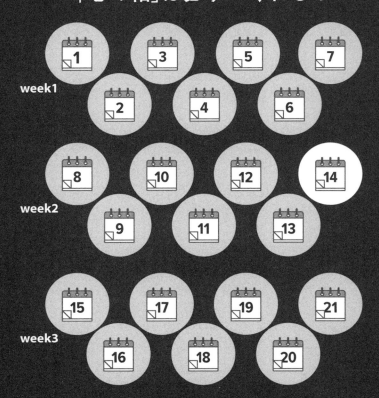

week1

1
2
3
4
5
6
7

week2

8
9
10
11
12
13
14

week3

15
16
17
18
19
20
21

14日目

不安も動揺も瞬間にかき消す、「心の軸」は必ずつくれる！

人に言われた嫌なことや自尊心を損なうような出来事も一瞬にかき消す方法があります。それが「臍下（せいか）の一点」という場所。
この古来の智慧を活用した、自分の身体にぶれない柱を立てる方法を紹介します。

WORK

いろいろな雑音や変化の激しい現代社会の中で、心を乱さずに常にニュートラルでいるためには、ぶれない心の「軸」をつくることが大切です。

心の「軸」をつくるためには地に足をつける**「グラウンディング」**と、心の中心の感覚をつかむ**「センタリング」**が必要となってきます。本ワークでは**呼吸法による「グラウンディング」と言葉の瞑想法による「センタリング」**を強化していきたいと思います。

◼ 「足芯（そくしん）呼吸」による「グラウンディング」
「足芯呼吸」とは足の裏から息を吸い、エネルギーを全身に巡らせた後に再び足の裏から息を吐くという呼吸法です。

実際は鼻から空気を吸っているのですが、足の裏を意識して呼吸をすると、足芯から膝、腿を通って、下腹にある丹田へ「気のエネルギー」が昇ってくるのが感じられます。

あたかも大きな樹木になって大地に根を張り、水分を吸い上げている感覚に似ています。そして丹田まで上がってきたエネルギーを、背骨に沿ってどんどん上げていきます。背骨を昇ったエネルギーはやがて百会（ひゃくえ）に達します。百会とは頭のてっぺんにある、柔らかく呼吸に伴ってピクピクと動くところです。

ここで軽く息を止め、そのままの状態で、百会まで昇ったエネルギーを鼻筋、口、喉、胸と身体の前側の中心線を通して、丹田まで一気に降ろします。

そして、最後は息を吐きながら、エネルギーを足芯から大地に向けて広げていくのです。ゆっくり呼吸すると丹田を中心に温かいエネルギーが循環します。そして、リラックスでき、精神が安定していきます。精神が安定してくれば、自然治癒力も発揮され、病気になりにくくなります。丹田の中心は「臍下（せいか）の一点」と言い、おへそのおよそ10センチ下にあります。

2 言葉の瞑想法による「センタリング」

「認める」、「許す」、「理解」、「尊重」、「至福」など、プラスのレベルの高い言葉を使うと、身体と心の「中心」を感じることができ、バランス感覚がさらに上がります。

自分の嫌いなところを思い浮かべながら立ってみます。そのとき、あなたの身体を横から押されると簡単によろめきます。

107

ところが、自分の嫌いなところ○○を、

1 私は○○を認めます
2 私は○○を許します
3 私は○○を理解します
4 私は○○を尊重します
5 私は○○を愛します

と数回言葉にするだけで、気持ちが丹田に落ち、心と身体の「軸」が安定するため、不思議なことに身体を横から押されてもびくともしなくなります。とても簡単なワークですが、心の「軸」が安定していることを実感できると思います。

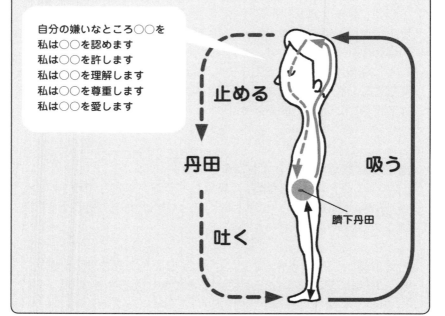

自分の嫌いなところ○○を
私は○○を認めます
私は○○を許します
私は○○を理解します
私は○○を尊重します
私は○○を愛します

止める

丹田　　　吸う

吐く

臍下丹田

■ 解説

仕事の環境が変わるなど、あなたの天性の性格とかけ離れた役割を演じなければならなくなり、無理やり人格をつくってしまうと心身の不調につながります。それを回避するためには、物事を大局的にとらえる自分の心の「軸」が必要になります。

また、大きな出来事が起きて、あなたの心が動揺したとき、ストレスで押しつぶされそうになったとき、心の「軸」があると余裕で乗り切っていくことができるのです。心の「軸」をつくるにあたり、欧米の心理学者も日本の武道における**「臍下丹田」**の存在を尊重しています。

自分の「軸」がぶれないためにはその土台を強化することが大切になります。**この土台強化の手法を「グラウンディング」**と言います。

私のとっておきの「グラウンディング」である**「足芯呼吸」**をワークで体験して頂きました。「足芯呼吸」を使うと軸がぐっと安定します。安定するというのは柔軟になるということです。

強固な軸でもネガティブなエネルギーをまともに受けると、ポキッと折れることがあります。柔軟な軸を手に入れると、そんなエネルギーに遭遇しても柳の枝のようにしなやかにいなして、どんな嫌なことに出合っても、あなたの軸は決して折れることはないのです。スポーツでも仕事でも人生でも、心の「軸」がぶれないことが大事だということは共通です。

「軸」をつくるもうひとつの方法は、「センタリング」です。これができると心身のバランスをとりやすくなります。

センタリングができている人は「思っていること」、「話している言葉」、「実際の行い」が一致していて、自分に正直に生きている安定した状態です。

一方、「思い」、「言葉」、「行い」の３つが食い違っている人は、不安定で心や身体や社会生活において問題を起こしやすい状態だと言えます。

例えば、心では嫌だなと思っても、言葉では給料のためだと言って、無理に仕事をする人は、心、身体、社会のあらゆる面でうまくいかなくなります。

この場合、嫌だと思う「思い」、給料のためだと思う「言葉」、そして無理に仕事する「行い」をいったん受け入れ、認め、自分自身の中で調和しましょう。

そうすると心もだんだん落ち着いてくるものです。
ワークのように、調和をうながす言葉である「認める」、「許す」、「理解」、「尊重」、「平穏」、「至福」などのプラスのレベルの高い言葉を使うとさらにキチッとセンタリングができ、軸がぶれなくなります。

自分自身とのセンタリングができたら、次はセンタリングの範囲を広げていきます。

・周りの人と共鳴し合う
・あらゆるものと対抗しない
・自分の喜びが相手の喜びとも重なる
・お互いが喜びの中で自然に協力し調和する

この言葉を唱えれば、自分自身の心と社会の中の人間関係の両方を安定させる「センタリング」ができ上がります。

110

心の軸ができたら、人生に変容や新たな可能性が生まれてきます。心の軸の重要性は、潜在意識の世界に入って目覚めていくための接点をつくっていくということです。心身の意識のあらゆる部分が一体化する統合点でもあります。

日本の武道では、これは「臍下の一点」と呼ばれており、2日目に触れた「心身統一合氣道」でも用いられています。

「臍下の一点」、それは心を静める場所のことです。
「臍下の一点」はおへそのおよそ10センチ下にあります。
10日目で学んだ第2チャクラのかなり下、力を入れようとしても力の入らない部分のことです。

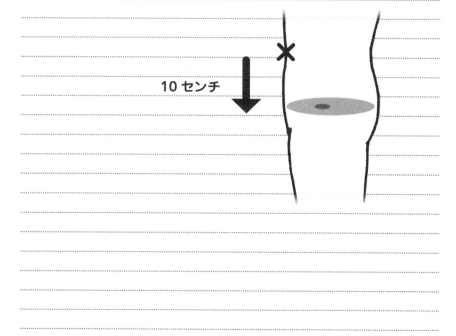

10 センチ

日本の武道では下腹部を「臍下丹田」と称し、これを非常に重視しました。「臍下の一点」は天地自然の中心であるのですが、私たち個人個人が天地自然の中心であると言うのではありません。

少し抽象的なお話をします。臍下の一点は形ある一点ではなく、無限に一点に向かって集約していくプロセスなのです。プロセスは常に動いています。物理学の視点から言うと、この世で停止しているものは何ひとつありません。心もまた同じです。停止状態はすでに天地自然の理に反しているのです。そしてその集約のプロセスを私たち各々が保有しているのです。

誰かがあなたの悪口を言っても、それを「臍下の一点」に放り込むと、スゥーと消えてなくなってしまいます。怒りの感情も臍下の一点に放り込んで流してしまえば、胸中には何も残りません。我慢などする必要もありません。臍下の一点に放り込んでおけば、いつも余裕でいられるのです。

いつも臍下の一点を保持するから常にリラックスすることができ、どんな大きなことが起きても腹が据わり決して動揺しないのです。そして、どんなことでも包み込む大きな器ができるのです。

一度、臍下の一点に心を静めたらそのまま放っておけばいいのです。正しい姿勢をしていれば自然に臍下の一点は保持できます。腹を立てたり、驚いたりするのは、心が乱れて臍下の一点が抜けた状態です。乱れたことを自分で感じたならば、また思い出して「臍下の一点」をやり直せばいいのです。

■ アドバイス

「足芯呼吸によるグラウンディング」と**「言葉の瞑想法によるセンタリング」**は
とても手軽にでき、ぶれない心の「軸」をつくるためにはとても効果の大きい
ワークです。

「足芯呼吸によるグラウンディング」は立っていても、座っていても、オフィス
でも、電車の中でも、どこでも行うことができます。

臍下丹田、すなわち「臍下の一点」に心を静めたならば、臍下丹田を中心に足
芯呼吸をはじめます。だいたい1回の呼吸に1～2分かけて行うのがよいと思
います。重要なポイントは呼吸そのものではなく、呼吸のルートを意識するこ
となのです。したがって、息継ぎは何回してもかまいません。

臍下丹田を中心に温かいエネルギーが回ってきたなと感じたならば、「言葉の
瞑想法によるセンタリング」を合わせて使うとより一層の効果があります。セ
ンタリングに使う言葉はあなたがしっくりくるのであれば、「私は私を認め、許
し、理解し、尊重し、愛します」というように一気に言ってしまってもよいの
です。

DAY
15
15日目

あなたの人生の羅針盤
「価値基準」を確認してみよう

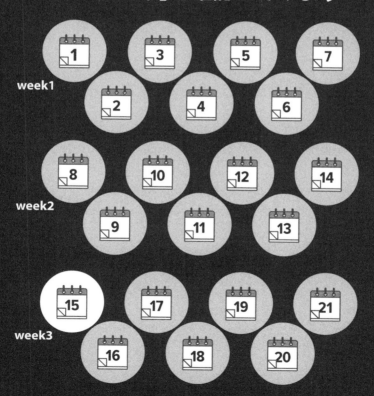

week1 1 2 3 4 5 6 7

week2 8 9 10 11 12 13 14

week3 15 16 17 18 19 20 21

15日目

あなたの人生の羅針盤 「価値基準」を確認してみよう

「価値観」は人それぞれ。他人や社会がつくった「価値基準」に振り回されてはいないでしょうか？ 自分を見つめ直し、あなただけの「価値」に優先順位をつけ、文章をつくり、心の深いところに届けます。

WORK

価値を表す言葉とは通常は**「富」、「成功」、「楽しみ」、「健康」、「愛」、「学習」**など、バスケットに物理的に入れることのできない抽象名詞です。

ここではあなたの**価値基準**を明らかにしてみましょう。対象は「人生」についてにします。次の質問に答えながら、あなたの人生でもっとも大切な言葉を10個ほど書いてください。

「あなたの人生において何が大切ですか？」
「他には何が大切ですか？」

10個出てくるまでポストイットなどの小さな紙にひとつひとつメモしてみましょう。そしてメモした言葉を重要な順番に並べます。これは意識で考えずに、直観で出していくとよいでしょう。

それではあなたの人生における価値の優先順位を確認してみましょう。各々の言葉を比較しながら価値の序列をつけます。あなたがポストイットにメモして重要な順番に並べた言葉、これがあなたの価値の基準であり、潜在意識のフィルターでもあります。

私の場合ですが、毎年お正月に今年の目標設定と称してこのワークをやります。

今年のお正月は、
1 家族、**2** 健康、**3** お金、**4** 感謝されること、**5** 達成感、**6** 社会貢献、**7** 自由な時間、**8** 友達、**9** わくわく感、**10** 笑い、でした。

昨年のお正月は、
1 生きた証、**2** 家族、**3** 健康、**4** お金、**5** 仕事、**6** 経験と見識、**7** 伝える力、**8** 仲間、**9** 感謝、**10** 社会貢献、でした。

次に序列をつけた順番に価値をつなげて、宣言文をつくってみましょう。私の今年のお正月の宣言文は次のようになります。

「私は（人生）において、（家族）がもっとも大切で、その次が（健康）で、その次が（お金）で、…、そして（笑い）という順番が大切だと思っています」

違和感があれば順番を入れ替えて、納得できるまで確認しましょう。宣言文を読み上げると、この優先順位に基づいて自分の目標やゴールが顕在化してきます。

潜在意識に影響を与える価値観は意識に上がってきませんので、アプローチがしづらいのです。そこで、価値基準という抽象名詞を潜在意識から引き出し、その優先順位の高いものを用いると、潜在意識にすとんと落ちやすい宣言文をつくることができます。

そして、それが潜在意識に伝わると、潜在意識はひたすら実現に向けて自動的に動き出します。潜在意識が必ずあなたの目標やゴールを現実化してくれるのです。

■ 解説

「**価値観**」とは、あなたが潜在意識の深いレベルで持っている人生でやりたいもの、なりたい状況を判断するフィルターです。

私たちの価値観は目標と一致しており、私たちの信念によって支えられていて、価値観は何が重要なのかを具体的に示してくれます。また、価値観は経験や知り合いをモデルにして形成されていきます。なかでもいちばん大切な価値観は自由意思で選ばれたものであり、強要されたものではないので多くのプラスの感情を伴っています。

けれども価値観は常に私たちの潜在意識の中にあるために、私たちは自分の価値観をあらためて探求することはあまりしないのです。

本書のワークで宣言文を読み上げると、あなたの価値基準やあなたの目標やゴールが顕在化し、潜在意識に落とし込むことができます。そうなればあなたは、その目標やゴールを潜在意識に実現してもらえばよいだけなのです。

このワークで大切なことは 10 個の価値すべてが大切であることを理解しておくことです。そして順序付けをするときは 2 つの価値を比較しながら進めていきます。

「この価値は、次に挙げる価値よりも大切ですか?」と質問します。
そしてすべての価値に大切さの順番が付けられるまでこの質問を繰り返します。比較するときに時間をかけると思考が入るので潜在意識にゆだねて直観で時間をかけずに選ぶとよいでしょう。序列を付けた順番に価値をつなげてつくる宣言文はとても重要です。

私は毎年お正月にこのワークをやりますが、この宣言文が新年の指針に大きな影響を与えます。潜在意識にある価値基準を顕在化し、自分の価値観を毎年棚卸しすることで 1 年を有意義に過ごすことができるのです。このことからも皆さんも年一度、できれば年初に、このワークをすることをおすすめします。

第③週 15日目
あなたの人生の羅針盤
「価値基準」を確認してみよう

119

DAY
16

16日目

すぐできる「自己暗示」
言霊のチカラで自分を変える

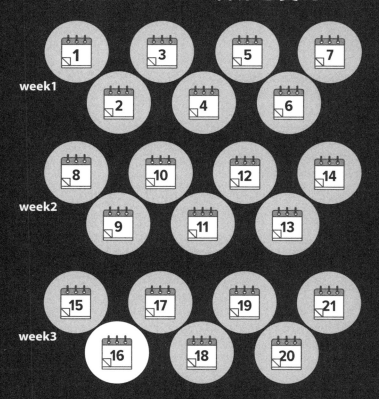

week1

week2

week3

16日目

すぐできる「自己暗示」 言霊のチカラで自分を変える

～はじめてのアファメーション～

アファメーション、言霊 … など、言葉の持つちからと潜在意識の関係はよく知られているところです。ここでは、アファメーションを用いて、それを自己暗示にまで完成させる最短の方法をお教えします。

WORK

1. 目標リストをつくる

無限の才能や人脈、知識、お金があるという仮定のもと、箇条書きで目標を 10 個書き出します。

2. 言葉での誘導を行う

箇条書きで出した目標を肯定的な言葉による自己宣言文にしてみます。

この自己宣言文のことを**アファメーション**と呼びます。
アファメーションを行うことであなたの引き寄せたいイメージを潜在意識に植え付けることができます。この植え付けが自己暗示であり潜在意識を自動操縦することから**オート・サジェッション**と言われるのです。

アファメーションをつくるためには次の7つのルールがあります。

🔳 一人称であること、主語は「私」にする
➡潜在意識は一人称でしか物事を考えられません。

🔳 肯定的に書く
➡意識は否定形が理解できないからです。「すっぱいレモンを想像するな」って否定形で言っても唾液がでてしまいますね。

🔳 現在進行形で書く
➡潜在意識にとっては未来も過去も現実ではありません。現在のみに実存しています。

🔳 「できる」ではなく「達成している」内容にする
➡意識は能力ではなく行動によって活性化されます。

🔳 他人とは比較しない。自己の変化と成長のみ
➡他人の誰かが考えている完璧な基準を潜在意識に押し付けると、自分は十分でないという劣等感情に捉われてうまくいかないのです。「完璧」の代わりに「最高」という言葉を使いましょう。

🔳 シンプルで無駄のない記述の精度を高める
➡潜在意識は明瞭に表現された直接的な指令を必要とします。

🔳 ゴールを達成した自分がリアルに見える書き方をする
➡潜在意識は想像力と感情によって支配されます。「エネルギーに満ち溢れた」とか「最高にワクワクする」などの、感情を刺激するような表現はとても効果的です。

アファメーションの例を以下にご紹介します。

・毎日、毎日、あらゆる面で、私はますますよくなっていく。
・私は開かれた存在であり、光と愛に満ち溢れています。
・私は今、豊かさをしっかりと受け入れています。
・今や私の人生はバランスのとれた最高の形で展開しています。
・私は、楽に人生の流れに身を任せています。
・私の内側にはあらゆる答えと英知が存在しています。

ワークの中のアファメーションの例文のトップに紹介した、

「毎日、毎日、あらゆる面で、私はますますよくなっていく」

これは自己暗示（オート・サジェッション）の生みの親、エミール・クーエの言葉です。この言葉は現在のアファメーションの原型になっています。

エミール・クーエはフランスの精神科医であり、心理学者、薬剤師でもありました。クーエのすごいところは 100 年近くも前に潜在意識に入る方法を実践し、言葉で多くの病人を治療することに成功したところです。リウマチ、喘息、結核、がんにいたる幅広い患者を、単純な暗示ひとつで完治させたことで世界的に有名になりました。クエイズムとも呼ばれる自己暗示法はその後、暗示療法＆自律訓練法やポジティブ・シンキングにつながりました。

彼が使った暗示文はシンプルです。
「毎日、毎日、あらゆる面で、私はますますよくなっていく」
たったこれだけの言葉を毎日自分に言い聞かせれば本当に病気が治っていくのです。

クーエは患者に床に入る前に 20 回唱えるように指導しました。人は寝ているときは潜在意識に入りますので、夜、寝る直前に自己暗示を潜在意識に落としこんでいく。これには合理的な根拠があるのです。自己暗示とはクーエの原書では "conscious autosuggestion" と記されています。

まさに寝る直前に暗示文を唱えることで、潜在意識に身体を自動操縦してもらうのです。このクーエの暗示文は、どこの国の言語でも適度に韻を踏んでいて、潜在意識にインプットしやすい心地のよい発音の流れがあります。

Day by day, in every way, I'm getting better and better.

日本に伝わる言霊が、潜在意識に入るきっかけになっているのと共通します
ね。

「毎日、毎日、あらゆる面で、私はますますよくなっていく」

100年前のフランスに病気を治すアファメーションがすでにあったとは驚き
です。例文にあるアファメーションは気高く、本質をつく、美しくパワフルな
宣言です。

アファメーションの言葉を毎日繰り返し唱え、その状況をイメージし、体感す
ることで、潜在意識があなたの目標の達成を手伝ってくれたり、その目標を別
のものに修正してくれるのです。

また、アファメーションにより、自分自身の思考の質がよりよくなることで、
人生の中で下さなければならない決断の質が大きく高められる効果があるの
です。

潜在意識はバカ正直なので、潜在意識が送り出した気持ちはどんなものであっ
ても、そのまま現実として引き寄せてしまいます。

表向きは「目標を達成したい」と思っていても、心の底で「どうせ無理だよ」
と疑っていたら、潜在意識は本当に信じている方を現実化してしまいます。

本当に信じているということは、もうそのことは意識に上がってこないので、
「当たり前のこと」として受け入れている状態です。あなたが歩くときに右足と
左足の動きに意識をしないように、「当たり前のこと」はなんの思い込みもない
「あるがままの自分」でもあります。

潜在意識は「あるがままの自分」での行動をどんどん現実化していきます。

アファメーションはまさに「あるがままの自分」をつくっていくための言葉に
なるのです。

ただ、前述の通り、例文にあるアファメーションは気高く、本質をつく、美しくパワフルな宣言ですが、その内容はあまり具体的ではなく、どちらかと言うと一般化された内容です。

あなたの価値観を潜在意識に落としていくことはあなたの人生全体にとって、とても有効で価値あることですが、具体的な目標を達成するためには、より具体的な形につくり替える必要があります。

- 私は（目標・欲しいもの）を、するっと、たやすく手に入れています。
- 私と●●（人）との関係は、日を追うごとに、より満ちた、より幸せなものになっている。
- 私はビジネスで成功し、毎日、仕事が更にうまくいく方法が見つかっている。
- 私は○○キロという理想的な体重を維持するために必要な分だけ食べている。
- ○○キロの私は、見栄えがよくなって気分がよい。

とアファメーションの目標を具体的にすることにより、それが私たちの行動に変化をもたらすのです。

このようなアファメーションを意識した、私が実際に作成した自己暗示文をご紹介します。

３か月前の私は、体重が５キロ増加して体調が悪くなっていました。そこで、自分の食生活をコントロールし、糖分の取りすぎや深夜の過食などの悪癖を改善し、減量し、理想の体重を保つように暗示文に取り入れました。
とくに鍵になる３つの言葉を６回繰り返しました。
そして食生活をコントロールしている肯定的なイメージをつくりました。さらに減量を成し遂げた自分へのご褒美を、大好きなハワイの海での水着姿に重ねることによって、潜在意識が新しい習慣を受け入れやすくしました。
そして実際に１か月間で体重を５キロ減らすことができたのです。

──── 【体重を減らす自己暗示文：開始】 ────

さあ、私はとても深ーい、ゆったりとリラックスした
気持ちのよい世界にいます。

まぶたは固く閉じて、開けようとしても開きません。
開けようとすればするほど
ますます、深ーい、気持ちのよい世界に入っていきます。
私は深ーい、深ーい、とても気持ちのよい世界に入っています。

私の周りの生活もどんどんよくなっていきます。
私の食生活もどんどんよくなっていきます。

食生活において私は食事時間にだけ食べます。
夜の１０時までに夕食をとるようにします。
以前よりも食事を楽しみながら、ゆっくりと食べています。

たくさん食べることは、私にとって重要ではなくなってきています。
そして私は少しの量を楽しんで食べています。

身体に必要な栄養をとるだけ食べたら、私は自分でそれがわかります。
そして、とても満足を感じます。

これから３つの言葉を６回繰り返します。
この言葉は私の体重を減らして理想の体重を保つ力を高めてくれます。

（３つの言葉を６回繰り返します：開始）
1 私は少し食べるとお腹いっぱいになります。
2 私は食べ物をゆっくりとしか食べられません。
3 私は甘いものを食べると気持ちが悪くなります。
（３つの言葉を６回繰り返します：終了）

自分の食生活を自分でコントロールしている感じはとても気分がいいです。
私は日を追うごとに魅力的になっていきます。
スリムな私はとてもいい感じです。

ハワイで素敵な水着を着てサーフィンをしている私は充実感でいっぱいです。
よくやった自分をとても誇りに思っています。

さあ、私のよりよい食生活の導入はこれですべて終了しました。
私は理想の体重を自分でコントロールできます。
これですべて完了しました。

────【体重を減らす自己暗示文：終了】────

潜在意識に働いてもらうためには、まずセルフ・イメージをつくることが大切です。具体的には、

1 目標を達成したときのセルフ・イメージをつくります

・スリムでかっこよくなった自分
・夏にビーチで水着になっている自分
・お気に入りの服を着ている自分

2 目標に向かっている過程でのセルフ・イメージをつくります

・よいものを食べて、どんどんとスリムになる自分
・毎日、ますます健康になるのを実感する自分

そしてそのセルフ・イメージに合うアファメーションをつくります

1 目標を達成したときのアファメーションは

「私は日を追うごとに魅力的になっていきます」
「スリムな私はとてもいい感じです」
「ハワイで素敵な水着を着てサーフィンをしている私は充実感でいっぱいです」

イメージするだけで自分が前向きで楽しくなるものが効果的でした。
そして、

2 目標を達成する過程のアファメーションは

「私は少し食べるとお腹いっぱいになります」
「私は食べ物をゆっくりとしか食べられません」
「私は甘いものを食べると気持ちが悪くなります」

これは食生活を改善するための鍵となりますので、何度も繰り返し、潜在意識に刷り込むようにしました。

さらに自己暗示やアファメーションの効果を最大にするには、癒しの音楽、好きな香り、ローソクの炎など、雰囲気をつくり、催眠（トランス）状態に入ることが大切です。私はよく、お風呂でアファメーションをします。

トランス状態については、次の 17 日目で詳しく説明したいと思います。

アファメーションは事実や思い込みを言葉にしたものです。
真実でないことも、私たちがそう思い込むことで真実になるのです。

潜在意識はアファメーションが大好きです。
次の7つのルールに従い、アファメーションをつくれば潜在意識は現実にして
くれます。

1. 一人称であること、主語は「私」にする
2. 肯定的に書く
3. 現在進行形で書く
4. 「できる」ではなく「達成している」内容にする
5. 他人とは比較しない。自己の変化と成長のみ
6. シンプルで無駄のない記述の精度を高める
7. ゴールを達成した自分がリアルに見える書き方をする

エミール・クーエは 100 年近くも前に潜在意識に入る方法を実践し、言葉で多
くの病人を治療することに成功してきました。クーエのアファメーションの言
葉を再度紹介します。

「毎日、毎日、あらゆる面で、私はますますよくなっていく」

**このようにアファメーションの文章はひとつあたり 10 〜 15 秒くらいの長さ
です。これを毎日3〜5回繰り返すことが大切です。**
一度に行うアファメーションは通常 15 個以内にとどめておくのがよいので
す。

潜在意識は朝起きてすぐと、夜寝る前がもっともアファメーションを受け入れ
やすいのです。アファメーションは毎日続け、習慣化すると、奇跡のような変
化が起きてきます。

DAY 17

17日目

潜在意識につながる 「トランス状態」に入ってみましょう

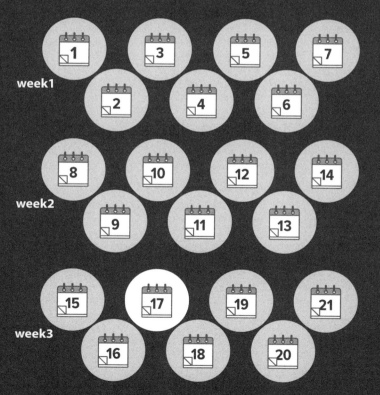

week1

week2

week3

17日目

潜在意識につながる 「トランス状態」に入ってみましょう

トランス状態と聞くと、何やらあやしげに思われるかもしれませんが、日常身近にあり、潜在意識にアプローチしやすい状態でもあります。ちょっと長いですが、しっかりと効果のあるワークを体験します。

WORK

トランス状態に入るワークです。
下記の文章をゆっくり朗読して録音し、再生してみましょう。

心地よい深呼吸を行いましょう。息をゆっくりと鼻から吸い、口から吐き出します。それを3〜10回行い、普通の呼吸に戻ります。しばらくの間は鼻を通じて空気が肺に入り、鼻を通じてその空気が外に出ていくのをしっかりと感じてください。

―――【トランス誘導の文章：開始】―――
これから20から1まで数を数えていきます。

⑳ 頭皮がゆるんで柔らかくなり、どんどんリラックスしていきます。

19 リラックスが額に伝わり、心配でできたしわも緊張も消えていきます。私はどんどん深く入っていきます。

18 目の周りの小さな筋肉がすべてリラックスして、まぶたがどんどん重くなっています。

17 リラックスが顔全体に広がり、こめかみ、頬、口、額が次々とリラックスします。顔のあらゆる筋肉がゆるみ、柔らかくなり、どんどんリラックスしていきます。

16 喉の筋肉がリラックスします。私はどんどん深く入っていきます。

15 リラックスが広がり、肩まで達しています。

14 背中に沿ってリラックスが広がり、背中の筋肉全体がリラックスしています。とても穏やかで平和です。私はリラックスしています。

13 リラックスが腕に広がり、指先までリラックスしています。私はどんどん深く入っていきます。

12 周囲のいかなる動きも、いかなる物音も、もはや私を邪魔できません。私はどんどん深く入っていきます。

11 胸の筋肉がリラックスしています。肋骨の間にあるあらゆる空間が、心臓が、肺が、そして胃が、とてもゆるんで柔らかくなり、リラックスしています。

10 みぞおちのあたりがリラックスしています。上半身全体がとてもリラックスしています。私はどんどん深く入っていきます。

9 私は自然の流れに完全に身をゆだねています。とても穏やかで平和です。私はリラックスしています。

8 リラックスがお尻に広がり、しだいに足へと伝わっていきます。

7 とても気分がいいです。私は完全にリラックスしています。今や私の心は、いかなる問題からも不安からも解放されています。

6 リラックスが下へ下へと広がっています。私の腿がリラックスします。膝が、そしてふくらはぎがリラックスします。

5 私は今、すべての緊張から解放されています。とても穏やかで平和です。私は今とてもリラックスしています。

4 リラックスが足首、足の甲、かかとと、土踏まず、そしてつま先へと広がっていきます。

3 静寂と平穏が、私の身体全体を包んでいます。頭のてっぺんから足のつま先まで、とても穏やかで安らかです。

2 私は今いかなる緊張も感じていません。素晴らしい気分です。

1 静寂と平穏が私の身体全体を包んでいます。頭のてっぺんから足のつま先まで、とても穏やかで安らかです。私は今、完全にリラックスしています。

【トランス誘導の文章：終了】

ここに 16 日目につくった自己暗示の文章を挿入します。
【自己暗示の文章】

そしてトランス状態から覚醒します。

‥‥‥【覚醒：開始】‥‥‥

私が数字の5まで数えたら、あなたはとてもいい気分で目覚めます。

1 目覚める準備をはじめます。いい気分です。
2 頭も身体もスッキリとしています。
3 これからの毎日を楽しみにしています。
4 あなたを向上させるメッセージをすべて実行する準備が整っています。素晴らしい気分です。
5 すっきりと目覚めます。すがすがしい気分です。

───【覚醒：終了】───

■ 解説

潜在意識の世界につながりやすい状態は変性意識状態と呼ばれ、その代表には**催眠療法**や**瞑想**などでつくり出される**トランス状態**があります。

科学者が新たな理論を生み出したり、芸術家が突飛な絵を描いたり、宇宙飛行士が宇宙との一体感を覚えたりすることがあると聞きますが、これもトランス状態と考えられます。さらに、釈迦が半眼で悟りを開いたときの瞑想もトランス状態なのかもしれません。

催眠状態やトランス状態とは物理的な現実世界ではなく、仮想世界にある状態です。科学者や画家や宇宙飛行士が体感したように、皆さんの身近なところにもトランス状態はあります。

1 注意力が低下している状態
・眠りに入りかけた状態
・眠りから目覚めかけた状態
・瞑想やリラクゼーションの状態
・退屈な授業をボケーッと受けている状態

2 集中している状態
・映画、テレビ、本に入り込んでいるとき
・時がたつのも忘れて音楽や仕事などへ没頭しているとき
・興味のある話を聞いているとき

3 注意と行動の分離・分割
・習得済みのスポーツ、楽器の演奏
・考えごとをしながらのいたずら書き
・映画を見ながらポップコーンを食べているとき

4 リズムや繰り返されるパターン

・ダンス、マントラ、ランニング、振り子、ローソクの火、読経、護摩焚き

潜在意識につながるためには、トランス状態に入り、意識を手放さなければなりません。これをトランス誘導と言います。

伝説のミルトン・エリクソンのトランス誘導について触れてみたいと思います。エリクソンがトランス誘導でよく使った言葉、

・目を閉じてトランスに入るのか、開けたままなのか私にはわかりません。
・呼吸が変わってきていることに気づいているかどうか私にはわかりません。

「私にはわかりません」。これが催眠におけるエリクソンの前提です。
「私にはわかりません」という言葉は意識を手放す言葉なのです。

私たちがトランス状態に入るためには「言葉によるトランス誘導」と「非言語によるトランス誘導」があります。「非言語によるトランス誘導」にはミラーニューロンの活用があります。
楽しいドラマを鑑賞していると笑いが止まらなくなったり、震災にあった人々をテレビで見ていると、悲しさや苦しさを感じることがあると思います。これは人間が、他人のしていることを「鏡」のように、まるで自分のことのように感じるミラーニューロンと呼ばれる共感能力を、脳の機能として持っているからなのです。

身体を動かさなくてもイメージするだけで、運動をしたのと同じような感覚を持つことができます。これは言葉を使わなくても自らつくり上げたイメージが相手に伝わっていることを表します。そんな馬鹿なこと！ と思うかもしれませんが、セミナーなどで、同じ場にいてトランス状態に入り、同じ身体的な臨場感を共有することでイメージが伝わるのです。

139

さらに、心拍や呼吸など、身体が同調することでイメージが伝わりやすくなるのです。ドライブなどでも何かの拍子に同乗者がトランス状態に入り、場の雰囲気が共有された状態で、ひとりがあくびをすると皆があくびをするなどはよくあることです。人間には、周りの環境に同調させて生命を維持する機能がそなわっています。この機能をホメオスタシスの同調と言うのです。

臨場感の生成、ホメオスタシスの同調、イメージの伝達によって言葉を使わずにクライアントをトランス状態に導く催眠療法士も多くいます。このことを「非言語によるトランス誘導」と言います。

■ アドバイス

本章ではトランス状態とはどういう状態か、そしてトランス状態に入るためには「言葉によるトランス誘導」と「非言語によるトランス誘導」があることをを学びました。ここでひとつ大切なことについてお話ししたいと思います。

催眠状態やトランス状態というと、残念なことにあやしげな催眠術師に無抵抗にあやつられるイメージがありますが、これは根拠のない誤解なのです。真実は、トランス（催眠）状態では本人の選択権が最優先するのです。そのため、暗示に対して同意できない理由が本人にあれば、トランス状態でもそれを拒否するか、瞬時にトランス状態から目覚めてしまうのです。
催眠ショーで本人が「アヒルになる」暗示に進んで従うのは本人が同意できる暗示だからなのです。催眠にかかっていても、主導権は常に本人の手にある。周囲で何が起きているかも完全に気づいている。そして意思決定をする力も当然本人にあるのです。

そしてもっとも重要なのは、セラピストとクライアントの間の信頼関係がないとトランス状態には誘導できないのです。受容、共感、交流を通じて、セラピストへの信頼感、クライアントを思いやる気持ちをつくり上げていくことが催眠療法では大切なのです。

DAY
18
18日目

「意識」、「潜在意識」、「セルフ・イメージ」の
バランスですべてが決まる

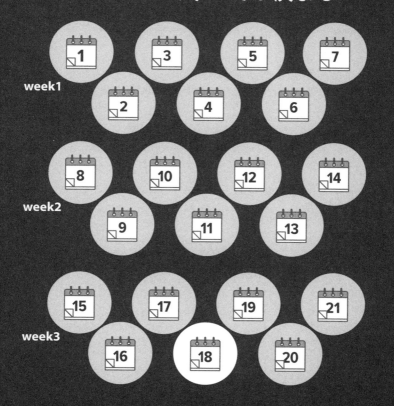

18日目

■「意識」、「潜在意識」、「セルフ・イメージ」の バランスですべてが決まる

スポーツ選手がとり入れているメソッドの智慧を生かして、自分の可能性を発揮できる安定した心のつくり方を学んでいきます。理論ベースの部分が多いですが、理解するだけでも視点が変わってきます。

WORK

アマチュアやプロスポーツの試合を見ていてスポーツ・メンタルがいかに大事か、しみじみと感じます。本章ではスポーツ・メンタル・トレーナーの世界では超定番のメンタル・マネジメントの理論と実践について触れてみたいと思います。

これはスポーツの分野にとどまらず、あなたの人生の目標に到達するために必要なあなたのメンタル・マネジメントにも十分に役立つ考え方です。

スポーツのパフォーマンスは次の3つのメンタル・プロセスの機能からなっています。

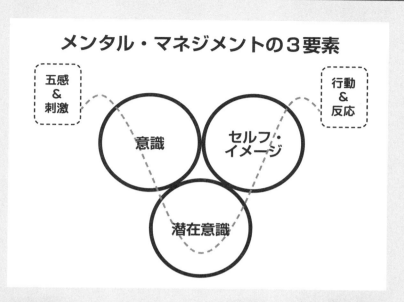

メンタル・マネジメントの３要素

五感
&
刺激

意識

セルフ・
イメージ

行動
&
反応

潜在意識

１ 意識

五感や刺激といった、経験からあなたが記憶していることや考え
ていることです。

２ 潜在意識

トレーニングによって身に着けたスキルで、あなたが考えなく
とも当たり前にできることです。

３ セルフ・イメージ

あなたらしい習慣や姿勢をイメージすることです。達成できる快
適な領域を広げることであなたの行動やパフォーマンスを強化
することができます。

メンタル・プロセスは図のように、五感や刺激を「意識」が受け、「潜在意識」、「セルフ・イメージ」を経由して行動や反応などが実行されます。

「意識」、「潜在意識」、「セルフ・イメージ」の３つがバランスよく調和しながら成長するとスポーツや仕事で結果が出ます。逆に３つのバランスがとれていないのが次のような状況です。実践ワークであなたにあてはめてみましょう。

あなたがスポーツや仕事をしているシーンを思い出してください。あなたは次のどのパターンにあてはまるでしょうか？

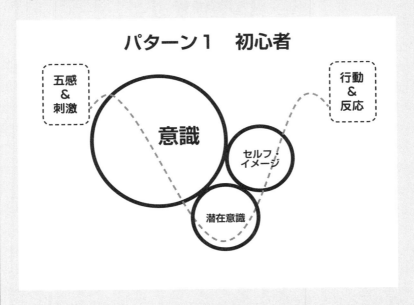

スポーツや仕事の初心者は「意識」ばかりが大きく、「潜在意識」のスキルも弱く、「セルフ・イメージ」の快適にプレイできる領

域も狭く、「意識」に実力がついてこられないため、ガチガチで不格好な動きになります。

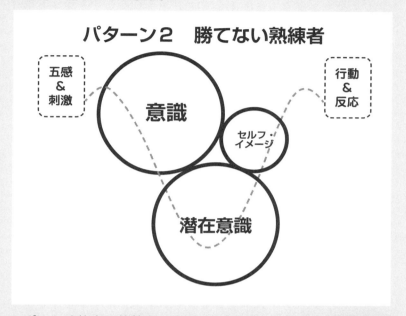

スポーツや仕事の熟練者の中には、「意識」も高く、「潜在意識」のスポーツや仕事のスキルも高いのに「セルフ・イメージ」がなぜか成長せずに小さく、練習では素晴らしいプレイをするのに、いざ本番になると重要な場面で実力を発揮できず、結果が出せない人がいます。

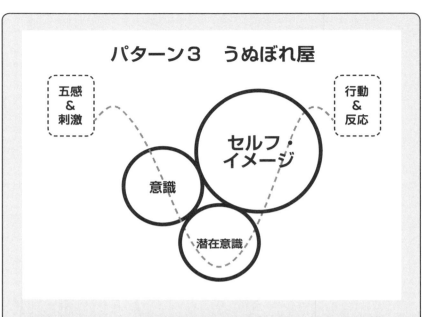

パターン３　うぬぼれ屋

五感
＆
刺激

行動
＆
反応

セルフ・
イメージ

意識

潜在意識

「意識」も低く、「潜在意識」のスポーツや仕事のスキルも低いの
に、「セルフ・イメージ」だけが大きく成長してしまったケース
で、実力もないのにうぬぼれだけが強く、当然試合やビジネスで
は勝てないのですが、負けた理由を人のせいにしたり、言い訳を
したりします。

▬ 解説

実践ワークであなたの「**意識**」、「**潜在意識**」、「**セルフ・イメージ**」の３つのアンバランスを招く弱点が見つかったと思います。次に弱点を強化することについて触れたいと思います。

1 「意識」が小さい場合
目標を決め、具体的な計画を立てると「意識」が大きくなります。

2 「潜在意識」が小さい場合
何も考えなくてもできるほど繰り返しトレーニングをして、身体にしみ込ませると「潜在意識」が大きくなります。

3 「セルフ・イメージ」が小さい場合
リハーサルを行い、小さくてもいいので成功を繰り返すことで「セルフ・イメージ」が強化されます。

不安をコントロールするいちばんの方法は経験を積むことです。リハーサルをすることで「頭の中」で経験を積むことになるのです。

メンタル・マネジメントが本当にうまくできているときは、「意識」と「潜在意識」と「セルフ・イメージ」の３つの精神活動のバランスがよくとれており、無駄な努力と言うものがありません。

潜水艦で言えば「意識」は潜望鏡、「潜在意識」はエンジン、「セルフ・イメージ」はスピードを調整するスロットルと考えてください。

最後に、**メンタル・マネジメント理論**を９つのポイントにまとめてみました。

1️⃣ 「意識」は一度にひとつのことだけしか考えることができません

2️⃣ あなたが何を言うかは、さして問題ではありません。重要なのはあなたが他の人の「意識に何を思い描かせるか」なのです

3️⃣ すべての精神の力の源は「潜在意識」の中にあります

4️⃣ 「意識」がイメージを描くと、「潜在意識」の力はそれを実行させる方向にあなたを動かします

5️⃣ 「セルフ・イメージ」と行動は常に一致します。自分の行動や成果を変えたかったらつくり変えなければなりません

6️⃣ あなたは今の「セルフ・イメージ」を自分の望む「セルフ・イメージ」と取り換えることができます。自分の行動や成果を永久的に変えてしまうことができるのです

7️⃣ 「意識」と「潜在意識」と「セルフ・イメージ」の３つのバランスがよくとれてうまく調和していれば、実行することも成果を上げることもやさしくなります

8️⃣ 起こることについて、考えたり話したり書いたりすればするほど、そのことが起こる確率は大きくなります

9️⃣ 周りの水準によって自分の水準が上下します

◾️ アドバイス

この章での大切なポイントは、いかに安定した精神状態を保ち、成功に結び付けるかということです。それは、「意識」、「潜在意識」、「セルフ・イメージ」をどのようにすれば強化できるのかということなのです。

まずは、目標を設定し、実行に集中することで「意識」を強化します。

そして、訓練、復習を積み重ねることで「潜在意識」を強化します。

さらに、うまくいったことは楽しんで味わい、失敗はすぐに忘れて、成功した「セルフ・イメージ」だけを強化するのです。そうすれば、「意識」、「潜在意識」、「セルフ・イメージ」がバランスよく強化できます。

DAY
19
19日目

潜在意識を使って「ゾーン」に入り、
意図的に最高の自分をつくりだそう!

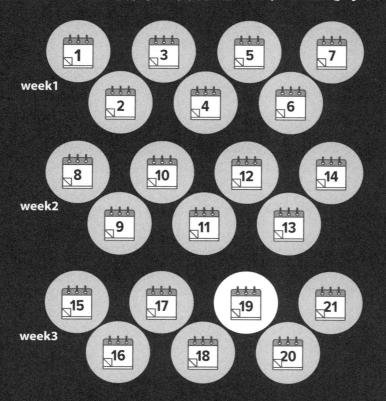

19日目

■ 潜在意識を使って「ゾーン」に入り、意図的に最高の自分をつくりだそう!

人の持っている潜在能力は、だれもがその人自身が思う以上のもの。それをコントロールしながら発揮できれば、最高の成果を手にできるはずです。その鍵が「ゾーン体験」にあります。

WORK

集中するためには顕在意識を解き放ち、潜在意識を活用することが大切になります。どんな場所でも最大のパフォーマンスを出す「ゾーン体験」に入るには、

1 まずは集中できない現状（状態）を認めます。これはある種の開き直りであり、顕在意識からの自らの解放です

2 そして呼吸を意識します
姿勢をよくし、意識を心臓あたりに向け、5秒間隔で吸うのと吐くのを繰り返します。これをレゾナンス呼吸と言います。

3 最後に展開をイメージします
落ち着いた環境をイメージし、そして得たい結果を得るためのストーリーをイメージしていきます。

イメージで大切なのは展開を考えることです。すなわちスタートからゴールまでの道筋をイメージすることです。自分自身に質問をする感じで行うと、潜在意識にどんどん入っていきます。

■ 解 説

あなたはスポーツにおいて「身体が勝手に動いて負ける気がしなかった」とか、仕事において「時間を忘れるほど没頭した」という体験をしたことはありますか？　まるで無我の境地にいるようなこの体験を「ゾーン体験」と言います。ゾーン体験は究極の集中状態のことです。

集中状態を因数分解すると、
1 人間の能力の10%の顕在意識
2 人間の能力の90%の潜在意識
3 人間の身体のコンディション
に分けられます。

「集中しなくちゃ」と意識しても集中はできません。なぜならば、集中しなければいけないと考えることは、実は顕在意識の中の「集中しなくちゃ」という言葉に集中しているだけだからです。では、集中するためにはどうすればよいのでしょうか？

スポーツはお互いのイメージとイメージのぶつかり合いです。強いイメージの方が勝ちます。相手よりも強い展開・イメージをつくることが重要です。
展開をイメージしながら行動していると、頭の中の展開と現実の展開のズレが生じます。展開の練り直しをして、より早くズレを修正するとイメージ通りに事が運べます。

潜在意識はズレの修正能力を持っています。

潜在意識をうまく使うとゾーンに入りやすくなります。集中状態には**ひとつのことに集中する一点集中状態**と、潜在意識の中で**必要なものに同時に集中する拡散集中状態**があります。

拡散集中状態をつくる潜在意識の機能を**ラス機能**と言います。
数多く触れている物事こそ大切だと認識する機能で、自分が欲しいものを明確に何度も何度もイメージすると、意識をしなくてもそのものを潜在意識が選別します。

成功する人はスタートからゴールへの展開を何度もイメージします。そうするとたとえ現実とイメージの間にズレが生じても、潜在意識が周りを見ながらゴールへの道筋を修正してくれるのです。

ポジティブなイメージだけではなく、大成功者はネガティブな思考も身に着けています。ポジティブな思考が予期しないことに対して弱いのに対して、ネガティブな思考はズレを修正するのが得意なのです。ネガティブな思考を持っていると、ある意味、自分の想定はこんなものだと開き直れるので壁に当たっても潜在意識が修正してくれるのです。

「ゾーン体験」で大切なのは直観や感覚といった非言語のイメージです。

思考や言語には頼らずに体感することが大切です。事実、一流の選手は五感の鋭敏性を鍛えています。五感を鍛えるために、

1 どんなものを見て、聴いて、感じたのか日記をつけます
2 自分が今までやったことがないことを体験して新たな五感を得て、開拓します
3 寝る前に目を閉じて、5分程度の瞑想をして、明日のことをイメージします

成功者は成功体験の数が多く、状況に応じて反射神経的にデジャブ（既視感）を使って成功の確率を上げています。

また、成功者は自分の中のルーティンワークやリズムを持っています。
決まった動作や決まった行動パターンをつくり、このルーティンワークがあれば、いつ、どこでズレが発生してもリセットできます。

イチロー選手もラグビーの五郎丸選手もルーティンワークを持っており、迷いが入ってくる心の隙間をあらかじめ埋めています。

スポーツやビジネスにおいて、究極の集中状態「ゾーン体験」の再現性を高めることができれば素晴らしいと思います。

時間の感覚がなくなるほど没頭している状態を「フロー状態」と言います。
そして、「フロー状態」で視覚や聴覚が非常に鋭くなる「ボールが止まっているように見える」極限の集中状態を「ゾーン」と言うのです。

一流のスポーツ選手はルーティンワークなどにより「フロー状態」をつくって、そこから意識的に「ゾーン」に入ることができると言われています。

あなたが「ゾーン体験」の再現性を高めたいのであれば、まずはあなたのルーティンワークをつくり「フロー状態」をつくることです。そしてどんな状況であっても現実を切り離し、顕在意識を解放して潜在意識に入ることが必要なのです。さらに、大きな舞台や困難な状況で最高のパフォーマンスを発揮するといったイメージトレーニングを何度も繰り返します。
そして、呼吸を整え、ドーパミンを出し、自分の感情をコントロールして最高の集中状態に持って行くのです。最後に何よりも大事なのは、「ゾーン」に到達するためには、一流のアスリートと同じく、そのことが「大好き」であることが条件になってきます。

DAY
20
20日目

あなたらしく！
セルフ・イメージで制限から解き放たれる！

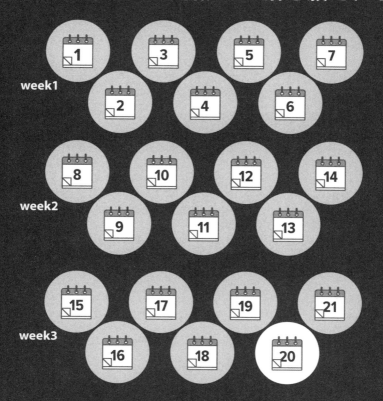

week1
1 2 3 4 5 6 7

week2
8 9 10 11 12 13 14

week3
15 16 17 18 19 20 21

20日目

あなたらしく！
セルフ・イメージで制限から解き放たれる！

人は自分で自分自身に制限をかけてしまっています。その思い込みは潜在意識に根付いてしまっているのです。それを解き放ち、その解き放たれた状態をいつでも引き出すための、簡単なトレーニングです。

WORK

今回はセルフ・イメージを使った次のワークをやってみたいと思います。

【ワーク】「目がスッキリするワーク」

最初に、目がよくなってワクワクしている自分をイメージしてみましょう。

メガネやコンタクトレンズを付けずに

1. 楽しくスポーツしている自分
2. 青い海のビーチに寝そべって、好きな人を見ている自分
3. 周りのものが鮮やかにはっきり見えてうれしい自分

いかがでしょうか。ワクワクとしたイメージができてきましたよね。「目がスッキリしてワクワクしている自分」のセルフ・イメージができたならば、**「目がスッキリするワーク」**をします。

ゆっくり大きく呼吸をしながら、身体も心もくつろいで、次の文章を読んでみましょう。

・私はゆったりとリラックスしながら
　海辺に座ってくつろいでいます。

・すっかりリラックスしているので
　メガネもコンタクトレンズもつけていません。

・周りの景色がぼんやりしていてもかまいません。

・私はこの状態を楽しんでいます。

・目の奥の筋肉もリラックスしています。

・海からのそよ風が柔らかく、私の目に優しく、
　とても心地よく感じます。

・柔らかく、新鮮な空気を吸っていると
　肩の凝りが取れてきます。

・凝り固まっていた目の奥の筋肉まで
　ジワ〜ッとほぐれてきます。

・遠くに浮かぶヨットを見ていると時々、
　フッと焦点が合ってきます。

・そのたびにヨットの帆の模様が
　ハッキリと見えてきます。

・青い海に浮かぶヨットの帆の模様を見ていると、
　なんだか嬉しくなってきます。

・このまま視力が回復していくと、
　いろんなヨットの帆の模様がクッキリと
　見えてくるでしょう。

・私は海辺に座りゆったりとリラックスしています。

・目の奥もほぐされて、焦点を合わせる筋肉も
　自由に伸びたり、縮んだりするのを感じます。

・小さくてもよく見える
・細かくてもよく見える
・遠くてもよく見える
・はっきりとよく見える

視力がどんどんスッキリしていくのがわかります。

■ 解 説

「目がスッキリするワーク」をやってみていかがだったでしょうか。
ワークを通じ、視力をアップするセルフ・イメージのつくり方を体感して頂けたかと思います。

視力は潜在意識が大きく関わっています。潜在意識は自律神経を通じ、目の筋肉、とくに毛様体の働きを自動調整しています。毛様体は収縮によって、目のレンズである水晶体の厚みを調節します。そして、目のピントを合わせているのです。

潜在意識は自分に対する思い込みであるセルフ・イメージによって指令を出します。

「私は裸眼ではよく見えない」、すなわち「メガネをかけ続ける私」というセルフ・イメージを持っていると、裸眼でいるとき、潜在意識は「メガネをしていないので休んでいいよ」と毛様体に指令を出し、目のピント合わせをサボります。

今回のワークでは、メガネもコンタクトレンズもつけていなくても目のピントが合うセルフ・イメージをつくります。ひとたびセルフ・イメージができれば、後は潜在意識がピントの働きを自動調整してくれるのです。

1 健康的な状態を思い出す

健康的な状態をセルフ・イメージします。健康的な状態のセルフ・イメージによって、正常な状態を思い出させ、正常な反応へ方向づけしやすくなります。

2 繰り返し、健康的な状態を思い出し、いつでもイメージできるようにする

例えば、過去にあった最高の思い出をイメージすると、イメージしただけで楽しい気持ちになり、身体の感覚も軽くなったり、元気になったりなど、生理的に変化します。これは心理学や脳科学で言われるように、イメージ、心理状態、身体の感覚がつながり影響し合っているのが理由です。

そのため、健康的な状態を思い出すときは、イメージ、心理状態、身体の感覚をセットで思いだします。それが効果を出すためのポイントです。このように健康的な状態を思い出すことで、症状を出すのが当たり前になっていた免疫システムの働きにゆらぎが生じます。そのため症状が軽い人の場合、これだけで改善や緩和が進むことがあります。

3 健康的な状態をアンカリング（条件づけ）する

あなたの身体に健康的な状態を覚えさせて、いつでも引き出せるようにしましょう。身体に覚えさせることで免疫システムを再教育するための準備が整います。

例えば、思い出の曲を聞くと、当時の気持ちや身体の感覚（内面の反応）が引き出されるという経験があると思います。これは「外からの五感を通した刺激」と「内面の反応」を身体がセットとして覚えているからです。

これを意図的に行うと症状の改善に役立ちます。

このように意図的に反応をつくり出す方法を、アンカリングと言います。

アンカリングとは、特定の体験に対して、五感を利用した感覚的な刺激を条件づけし、その体験を定着させて、いつでもたやすくそのときの精神状態を引き出せるようにするテクニックのことです。

トップアスリートたちはよくこのテクニックを使っています。イチロー選手が打席でバットを前に突き出し、左手で右腕の袖を引っ張る仕草を毎回見せますが、あれも最高のパフォーマンスを引き出すためのアンカリングと言われています。

（これらの方法は、安全で多くの方の症状を改善している方法ですが、専門家の指導のもとで行われると安全で効果的です）

どんなにあなたが健康を意識しても、どんなにあなたが健康になりたいと望んでいても、あなた自身が健康になっているセルフ・イメージが伴わないと、あなたは健康になることはできないのです。
本章の「目がスッキリするワーク」も「目がスッキリしている自分」のセルフ・イメージによって、潜在意識が毛様体に指令を出し、目のピントを合わせ、その結果、本当に目がスッキリするのです。

「セルフ・イメージ」と身体の反応は常に一致するため、あなたは自分の望む健康に対する「セルフ・イメージ」をつくり上げることが大切なのです。

DAY
21

21 日目

さぁ、願望を達成する
具体的プロセスをつくるとき！

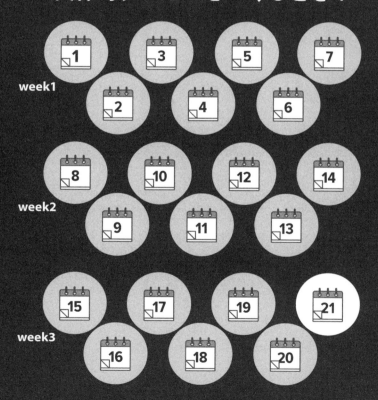

week1

week2

week3

21日目

さぁ、願望を達成する 具体的プロセスをつくるとき！

本章では8つの質問を通して、あなたの目標の 具体的な形が明確になるワークを行います。こ れは、現状から未来へ向かっての変化のプロセ スづくりです。

WORK

以下の質問に対して答えていきましょう。目標から行動までが明 確になります。

① あなたの手に入れたい結果は何ですか？【アウトカム】
例

単に痩せたいという抽象的なゴールではなく、「3か月後のお見 合いまでにボディラインを整える」のように具体的であること。

「おなかの脂肪が増えないようにする」ではなく「腹筋が見える ようになる」のような肯定的な表現にします。そして、アウトカ ムはあなたがつくり出せる範囲内のものにします。

2 結果が手に入ったらどのようにわかりますか？ 【証拠、証明】

例

「体重計の目盛りが 48 キロを指している」のが見える。（視覚）

「やったという自分の声」が聞こえる。（聴覚）

「身軽に動けること」を感じる。（体感覚）

など五感を使って具体化します。

3 その結果を、いつ、どこで、誰とつくりたいですか？ 【状況】

例

３か月後の○○年○○月まで、家族と炭水化物や糖質のコントロールをしたり、ジムで走ったりしたい、というように具体的に決めます。

4 その結果を手に入れることによって、あなたの人間関係や周りの環境はどのように変化しますか？ 【エコロジカルチェック】

例

昼食選びが大変になります。付き合いで飲む際も、食べるものに制限が付きます。あらかじめ、恋人や友人の理解を得ることで、皆でダイエットができます。

このように否定的な面と肯定的な面の両方を確認しておきます。

5 結果を手に入れるために、あなたはどんなリソース（資源）を持っていますか？ そして更に必要なリソースはありますか？ 【リソース】

例

昔、スポーツをしており、走ることは得意であるというリソース

を持っていますが、夜食の習慣を断ち切るための強い意思が必要だと思いました。この様につくります。

6 やりたいという気持ちは十分ですか？ 現在結果を手に入れるのを止めているのは何ですか？【制限】

例

「仕事が忙しく食生活が不規則で、食事のコントロールはできないと思い込んでいた」など、意識、無意識で自分に制限を加えているもの（自信、お金、時間）を発見します。

7 結果を手に入れることはあなたとってどんな意味がありますか？ 今後の人生はどのように変わりますか？ または何が得られますか？【メタアウトカム】

例

ボディラインが整うことで、印象がよくなり、自分にも自信がつきます。そして、積極的で楽しい人生を送ることができます。メタアウトカムが明確になるとアウトカムを達成するモチベーションが高まるのです。

8 では、はじめの一歩は何をしますか？ まず何からはじめますか？【行動計画】

例

アウトカムを実現するための具体的な行動が必要となります。

実践心理学であるＮＬＰ（神経言語プログラミング）には、あなたの目標を実現するための８つの質問があります。

ワークの例では痩せるというぼんやりとした目標を明確にし、達成したときの具体的なイメージや実現性を確認します。さらにあなたの目標に対する本気度や達成した時にあなた自身やあなたの周囲に及ぼす影響まで配慮しています。そして最後に達成のための第一歩を決めて具体的に行動に結び付けます。

あなたが目標を立てる時に気を付けなければいけないのは、目標には実現しやすいものと実現しにくいものあるということです。実現しやすい目標を設計できるように、ポイントを整理すると次のようになります。

1 得られる結果が具体的であること
2 目標が肯定的に表現されていること
3 目標は他人依存ではなく、あなたが作り出せる範囲であること
4 目標が達成できたかどうかはあなた自身が見て、聞いて、感じてわかること
5 目標を達成せず現状でいることのメリットも冷静に考慮しておくこと
6 目標を達成することで周囲に対して出るであろう悪影響を把握しておくこと

これらのポイントをさらに解説すると、
1 3 については「人類の平和」のように抽象度が高いと実現しないので目標を具体的に、かつ、あなたが出来る範囲にする必要があります。
2 については 16 日目に行った潜在意識に繋がるアファメーションと深い関係があります。
4 は達成した時のセルフ・イメージをつくりやすくし、潜在意識の方向性を決める鍵になります。
5 は目標を達成するときのあなたにとってのメリットとデメリットを想定することで不測の事態を避けることができるようになります。
6 は周囲の環境（エコロジー）を配慮することで全体最適をとることができます。

目標を達成したり、問題を解決するためには人の意識の構造を知っておくことが大切です。人の意識のレベルは６段階に分けられ、下図の下位から上位に向かって、「環境」、「行動」、「能力」、「信念・価値観」、「自己認識」、「スピリチュアル」の６つのレベルが相互につながり影響し合っています。脳科学の観点からもこの６つのレベルは脳や神経の部分と密接な関係があるのです。目標の達成や、問題の解決をするときには上位のレベルが他のレベルに対して大きな影響を与えるので、この６つのレベルの整合性がとても大切になります。
これは潜在意識レベルで自分自身を統一する方法として「ニューロ・ロジカル・レベルの統一」と呼ばれています。

ニューロ・ロジカル・レベル（意識の５段階）

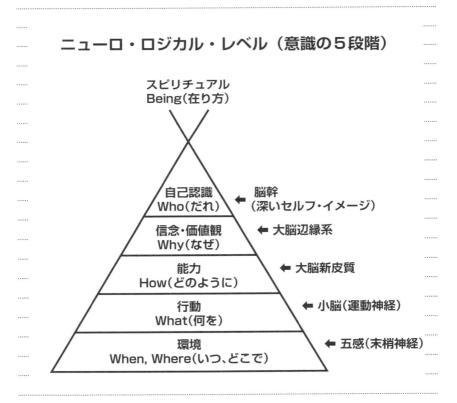

では「ニューロ・ロジカル・レベルの統一」は具体的にどのように使われるのでしょうか。英語が話せないという問題を持ち、英語が話せるようになりたいという目標を持つ生徒についての例を表中にまとめました。

行動レベルで「英語のテキストを読まず、外国人の前で尻込みする」生徒が、意識のレベルの階段を登って進んでいくことで、彼の信念・価値観が変わり、自己認識ができ、ついにスピリチュアルのレベルで「自分の存在を認め、自分を超えた世界中の人とつながり、胸が熱くなる感覚」を体験します。

そして意識のレベルの階段を下って戻っていく過程において「英語のドラマやテキストを積極的に使い、外国人とどんどん話をする自分」に変容していくのです。

ニューロ・ロジカル・レベルの統一するためには、目標の達成や問題の解決について下位の環境のレベルから上位のレベルへと順番に考えていきます。そして、スピリチュアルまで到達したならば、今度は逆に自己認識から下位のレベルについて順番に考えていくのです。

一般的に問題の解決によってマイナスの状態にいるクライアントをニュートラルな状態に導くのがカウンセリングであり、目標の達成によってニュートラルな状態のクライアントをプラスの状態に導くのがコーチングと呼ばれます。ニューロ・ロジカル・レベルの統一はカウンセリングにもコーチングにも使うことができるのです。

ニューロ・ロジカル・レベル（意識化の５段階）
問題：英語を話せない。　目標：英語を話せるようになる

進む		レベル		戻る
↑	・自分の存在を認め、自分を超えた世界中の人とつながり、胸が熱くなる感覚を体験	**スピリチュアル**（在り方）	・自分の存在を認め、自分を超えた世界中の人とつながり、胸が熱くなる感覚を体験	↓
	・私は友達に好かれる人だ ・私は日本を舞台にするんだ	**自己認識**（だれ）	・私は世界中の人に好かれる人だ ・私は世界を舞台にする人だ	
	・英語は恥ずかしい ・失敗は恥ずかしい ・外国人は怖い	**信念・価値観**（なぜ）	・英語は簡単 ・失敗は楽しい ・外国人は優しい	
	・記憶力がいい ・友達と話すのが上手	**能力**（どのように）	・会話をどんどん覚える ・世界中の人と話すのが上手	
	・英語のテキストを読まない ・外国人の前で尻ごみする	**行動**（何を）	・英語のドラマや映画を観る ・外国人とどんどん話す ・好きな英語のテキストを読む	
	・自宅の本棚には英語のテキストがたくさんある ・外国人と出会う機会が多い	**環境**（いつ、どこで）	・自宅の本棚には好きな英語のテキストや DVD がたくさんある ・外国人と話す機会が増える	

■ アドバイス

目標のことを英語では一般にゴールと言いますが、ここではアウトカムという言葉を使いました。アウトカムは、目的や目標、望ましい状態のことを指します。あなたの行動の結果・成果という意味です。

NLP による変化のプロセスは現在の状態からより望ましい状態に移行することを基本に考えられています。また、「目標」「観察力」「柔軟性」を意識しています。

人間は過去の経験に縛られがちです。そのために、ある状況が起こると決まった方法でのみ対応してしまい、他の可能性を阻んでしまいます。「観察力」を高め、「柔軟」に選択肢を広げることで望ましい変化のプロセスが活かせるのかもしれません。

170

おわりに

本書は私が潜在意識を使って心理学を実践する目的で立ち上げた「ノブトレ実践心理技術」というブログの2年間にわたる内容をまとめたものになります。

ブログに書き綴るという習慣をつけることで、講座、セミナー、文献からの「インプット」と、それをクライアントや生徒に実践する「アウトプット」を継続的に整理し、文章に残すことができ、それが今回の出版につながったことは本当にうれしい限りです。

この2年間を振り返ると、自立的に社会に貢献したいという思いから、大企業を飛び出し、心理学を突き詰めながら沢山の経験をすることができました。そのなかでももっとも有益な経験は、潜在意識との出合いであり潜在意識を用いた実践でした。本書では「潜在意識のクリーニング」という形で潜在意識の使い方に焦点を合わせています。

最近は、企業、社会、国家における潜在意識の重要性がますます高まってきました。企業を例にとると、米国のビジネススクールやコンサルティング会社で開発された言語や図表よって可視化された、論理的で科学的な経営手法が最近は明らかに通用しなくなっているのです。ミッションやビジョンという表面的な言葉で企業を束ねるのではなく、当たり前でありながら言葉では言い表せない共有感覚、すなわち集合的無意識のレベルの「何か」を企業が共有していく時代がすぐそこに来ているのかもしれません。それが企業文化や従業員の求心力になっ

ていくのだと感じています。このような感覚を持ちはじめた私自身も、これからは国際ビジネスにおけるこの分野の研究に向かって加速していくような気がしています。これも潜在意識のおかげなのかもしれません。

本書の出版にあたり、お世話になった多くの方に感謝を申し上げたいと思います。まずは私に本書の出版機会をくださり、編集を担当してくださった株式会社 Clover 出版の小田実紀編集長には大変お世話になりました。私の深夜作業に心配しながらも協力してくれた妻の由美子には感謝でいっぱいです。本当にありがとう。ノブトレ実践心理技術の原点である日本メンタルヘルス協会、NLP-JAPAN ラーニングセンター、ヒューマン＆トラスト研究所の諸先輩や仲間たち、そしてお会いしたすべての方々に感謝を申し上げます。最後まで本書を読んでくださいまして本当にありがとうございました。

2017 年 3 月　平林 信隆

参考文献

『あなたにもできるヒプノセラピー ── 催眠療法』
A・M・クラズナー 著　小林加奈子 訳（ヴォイス）

『あなたの人生を変える催眠療法 ──リンダ・ローズ博士の「潜在意識」活用マニュアル』
リンダ・ジョイ・ローズ 著　矢沢フレイ伸恵 訳（雷韻出版）

『「影響言語」で人を動かす』
シェリー・ローズ・シャーベイ 著　上地明彦 訳／監修　本山晶子 訳（実務教育出版）

『メンタル・マネージメント ── 勝つことの秘訣』ラニー・バッシャム 著　藤井優 著（星雲社）

『Beliefs: Pathways to Health and Well-Being』
Robert Dilts 著　Tim Hallbom 著　Suzi Smith 著（Crown House Pub）

『氣の呼吸法 ── 全身に酸素を送り治癒力を高める』藤平光一 著（幻冬舎文庫）

『心を静める』藤平信一 著（幻冬舎文庫）

『脳と言葉を上手に使う　NLPの教科書』前田忠志 著（実務教育出版）

『プロが教えるはじめてのNLP超入門』芝健太 著（成美堂出版）

『実践！ マインドフルネス ── 今この瞬間に気づき青空を感じるレッスン』
熊野宏昭ら 著（サンガ）

『マインドフルネスの教科書 この1冊ですべてがわかる！』藤井英雄 著（Clover 出版）

『FBI 捜査官が教える「しぐさ」の心理学』
ジョー・ナヴァロ 著　マーヴィン・カーリンズ 著　西田美緒子 訳（河出書房新社）

『西野流呼吸法　生命エネルギー「気」の真髄』西野皓三 著（講談社＋α文庫）

『視力アップ！イメージング・アイ』ジョイ石井 著　古沢昇 著（マキノ出版）

『大切なキミに贈る本』石井裕之 著（祥伝社）

『人生を変える一番シンプルな方法──世界のリーダーたちが実践するセドナメソッド』ヘイル・ドゥオスキン 著　安藤理 監修　乾真由美 訳（主婦の友社）

『マーフィー眠りながら成功する（上）（下）』
J・マーフィー 著　大島淳一 訳（産能大学出版部）

『心と体をきれいにするカラーセラピー ──スピリチュアルカラーで強運をつくる』高坂美紀 著（幻冬舎文庫）

『NLP ヒーローズ・ジャーニー：NLPとエリクソン催眠による苦境を乗りこえる4日間ワークショップ』ロバート・ディルツ 著　スティーブ・ギリガン 著　浅田仁子 訳（春秋社）

『メンタルパワー』道幸武久 著（現代書林）

『コンフォートゾーンの作り方』苫米地英人 著（フォレスト出版）

著者略歴

平林 信隆 (ひらばやし・のぶたか)

早稲田大学理工学部卒業　南カリフォルニア経営大学院 MBA 修了
日本メンタルヘルス協会公認心理カウンセラー　全米 NLP 認定トレーナー
LAB (Language and Behavior) プロファイル® 認定コンサルタント＆トレーナー

ソニー在籍時代には、ＩＴベンチャー立ち上げ、ニューヨークナスダック IPO、携帯電話や放送機器事業等、海外赴任も経験しながらさまざまな職務を担当し、世界中を駆け巡った。当時の経験をもとに、文化や言葉の壁を越えた潜在意識とビジネスの関連性について独学で法則を積み上げる。

ビジネスと心理学を融合した独特なスキルは、ＩＴ業界において、相手の"こころ"を大切にする手法として定評がある。潜在意識を使った、個人・企業・国際社会で使える実践心理技術は、ノブトレ（ノブ・トレーナ）というブログで多くの読者を獲得している。(http://ameblo.jp/nobu-trainer/)

著書に『怒らないで聞いてください』（マイナビ新書）、共著に『グロービス MBA アカウンティング』（ダイヤモンド社）などがある。

「感受性」を調整すれば もっと気楽に生きられる。
潜在意識のクリーニングワーク

初版 1 刷発行 ●2017年3月6日
新版 1 刷発行 ●2020年1月22日

著者

ひらばやしのぶたか
平林 信隆

発行者

小田 実紀

発行所

株式会社Clover出版

〒162-0843 東京都新宿区市谷田町3-6 THE GATE ICHIGAYA 10階　Tel.03(6279)1912　Fax.03(6279)1913
http://cloverpub.jp

印刷所

日経印刷株式会社

©Nobutaka Hirabayashi 2020, Printed in Japan
ISBN 978-4-908033-55-1　C0011

乱丁、落丁本は小社までお送りください。送料当社負担にてお取り替えいたします。
本書の内容を無断で複製、転載することを禁じます。

本書の内容に関するお問い合わせは、info@cloverpub.jp宛にメールでお願い申し上げます

※本書は、2017年3月刊行『「感受性」を調整すれば もっと気楽に生きられる。』(弊社刊・産
学社発売)の復刻・再刊行版です。